심도 있게 편찬된
구역 및 대학·청년부 BEST G.B.S. 시리즈

BEST
누가복음 I

묵상하는 사람들
프리셉트

서문

하나님의 말씀을 향한 뜨거운 열정을 가진 한국 교회 성도들을 위하여 쉼없이 달려온 프리셉트성경연구원은, 쉽고도 심도 있는 성경공부 교재 개발의 부르심에 따라 BEST G.B.S. 시리즈를 기획하여 출간하게 되었습니다.

BEST G.B.S.는 참여자들의 수준이 천차만별하고 그들이 처한 상황이 다양한 점을 고려하여, 다양한 포커스를 가진 도입글과 질문을 제시하였습니다. 뿐만 아니라 깊이 있는 질문을 다각도에서 나눌 수 있도록 선택 질문을 기획하여 묵상의 깊이를 더하였습니다.

한편, 프리셉트성경연구원은 한국 교회를 효과적으로 돕는 다양한 교재를 구역, 셀, 소그룹, 그리고 청년부의 조모임을 위해 많이 개발하고 있습니다. 그 종별의 특징은 다음과 같습니다.

Ⅰ. G.B.S. 교재의 종별 특징

1. High G.B.S. 시리즈

평신도 소그룹 중 성경공부를 장기간 진행해 온 분들에게 적합한 교재입니다. 프리셉트성경연구원의 고급 과정(PUP)에서 다루는 내용을 압축하여 정리한 내용으로서, 참여자들이 1시간 정도 예습해 올 수 있을 때에 효과적으로 진행할 수 있는 교재입니다.

2. BEST G.B.S. 시리즈

소그룹 참여자들의 신앙 수준이 다양한 점을 고려하여, 다양한 도입글과 질문을 제시하였습니다. BEST G.B.S.를 쉽고 편하게 진행하기를 원하면, 「더 깊은 연구와 묵상을 위하여」를 생략하고 다룰 수 있습니다.

3. 쉬운 G.B.S. 시리즈

이 교재는 질의응답식 내용을 통해 누구나 예습 없이 현장에서 쉽게 진행할 수 있도록 구성되었습니다.

4. 주제별 G.B.S. 시리즈

이 교재는 성경의 내용을 주제별로 다뤄서 해당 주제에 대해 성경적 세계관을 확립하는 데 큰 도움을 줍니다.

5. 하나님 마음에 합한 시리즈

이 교재는 신앙생활에 관한 16가지 주제를 소그룹용으로 편찬한 교재로서, 쉬운 G.B.S.에 비해 다루는 내용이 넓고 깊습니다.

6. 40분 G.B.S. 시리즈

이 교재는 미국 프리셉트 본부에서 기획된 교재로서, 약 40분 동안 활발한 토의식 성경공부를 진행할 수 있도록 구성된 편리하고 유용한 교재입니다.

7. 성품 G.B.S. 시리즈

이 교재는 성도들이 소그룹에서 끈기 있게 예수님의 성품을 배우도록 편찬되었습니다. 이 시리즈는 감사, 경건 등 성품이란 주제에 대하여 성경 본문을 집중적으로 연구하여 적용하도록 돕는 성품 변화에 통합된 자료입니다.

8. 기타

그 외에 수련회용, 주말 성경학교용, 청소년용, 제자훈련용 등 많은 교재가 준비되어 있습니다.

II. 인도자를 위한 안내

1. 시작 시간을 정확히 지키십시오.
2. 성령님께서 말씀의 비밀을 깨우쳐 주시도록 함께 기도하십시오.
3. 성경공부에 들어가기 전, 지난 주에 깨달은 말씀을 함께 나누면서 마음을 여는 시간을 가지십시오.
4. 인도자는 시작하는 질문을 던지면서 참여자들의 활발한 토론을 유도해 나가십시오. 질문을 할 때에는 교재에 주어진 문제에만 국한하지 말고 다른 보충 질문들을 준비하여 이끌어 가십시오.

5. 각 문제마다 적절한 시간을 안배하여 중점적으로 다룰 문제는 충분히 토의하고 지엽적인 문제는 간단히 진행하십시오.
6. 각 과를 인도한 후, 다음의 평가항목을 통해 스스로 자기 점검을 하십시오.
7. 인도자로서 좀 더 깊이 성경을 배우고자 하는 분들은 프리셉트 성경연구 과정에 참여하셔서 도움을 받으시기 바랍니다(문의: 02-588-2218).

Ⅲ. 평가항목

1. 보조 질문은 좋았는가?
   명확하고 간략했는가?
   본문에 충실했는가?
   본질적인 문제에 접근했는가?
   깊은 통찰과 적절한 적용을 이끌어 냈는가?
2. 참여자의 발표를 잘 유도하고 격려했는가?
3. 말을 너무 많이 하거나 적게 하지는 않았는가?
4. 준비를 충분히 하였는가?
5. 본문에서 벗어난 방향으로 토의가 진행되지는 않았는가?
6. 시간은 잘 지켰는가?

Ⅳ. 본 교재에 대하여

누가복음의 저자는 누가입니다. 누가는 사도 바울의 동료였으며(골 4:14) 의사였습니다. 흥미로운 것은 성경 저자 중에서 유일한 이방인은 누가밖에 없다는 것입니다. 누가는 누가복음과 함께 사도행전도 기록했습니다. 그래서 학자들은 누가-행전(Luke-Acts)이라고 부르기도 합니다. 누가복음과 사도행전은 데오빌로라는 동일한 수신자에게 쓰여졌습니다. 누가-행전은 예수 그리스도와 성령께서 이루신 구원의 이야기가 주제입니다. 그중 "먼저 쓴 글"(행 1:1)인 누가복음은 성령에 의해 탄생하신 예수님의 이야기부터 예수님의 승천 이야기까지를 다루고 있습니다.

누가복음은 이방인을 비롯한 모든 사람을 위해 기록된 복음서답게 예수님께서 온 인류의 구세주라는 사실을 강조하고 있습니다. 마태복음이 유대인을 대상으로 기록됐고 예수님께서 유대인의 왕임을 강조한 것과 비교가 됩니다. 특히 누가는 사회 문제에 대한 관심이 많았습니다. 세리와 죄인들, 가난한 자들, 사마리아인들, 여인들과 같이 영적인 약자들에 대한 예수님의 관심과 사랑을 강조했습니다.

또한 누가복음은 기도의 복음서라고 할 수 있습니다. 밤중에 찾아온 친구의 비유(11장)와 과부와 재판관의 비유(18장)와 바리새인과 세리의 기도 비유(18장)는 누가복음에서만 소개된 비유로서 기도를 주제로 한 것이었습니다. 십자가 위에서 예수님께서 드리신 최후의 기도 역시 누가복음만이 다루고 있습니다. 누가는 예수님을 항상 기도하시는 분으로 묘사했습니다. 그리고 기도는 성령의 능력을 받기 위한 통로요 수단이라고 강조했습니다.

누가는 누가-행전을 지리적 배경에 따라서 섬세하게 나눠 기록했습니다. 누가복음도 지리적 배경에 따라 크게 네 부분으로 나눌 수 있습니다.

1) 예수님의 준비 과정(1-4:13)
2) 예수님의 갈릴리 사역(4:14-9:50)
3) 예수님께서 예루살렘으로 가시는 여정(9:51-19:44)
4) 예수님의 예루살렘 사역(19:45-24:53)

누가복음은 전체적으로 예루살렘 골고다 언덕의 십자가를 목적지로 정하고 진술되고 있습니다. 예수님의 삶은 한마디로 십자가의 고난을 준비하고 실행한 삶이라고 할 수 있습니다.

프리셉트성경연구원

차례

01 복음서의 소개

| 본문 누가복음 1:1-7

| 외울 말씀 이는 각하가 알고 있는 바를 더 확실하게 하려 함이로라 (4절)

도입을 위한 글

무디(Moody)에게는 가난도, 지식의 부족함도, 환경적인 어려움도 전혀 문제가 되지 않았다. 그는 63세에 하나님의 품에 안길 때까지 무려 100만 명 이상을 전도했다. 주님의 수제자였던 베드로도 처음에는 빌라도 법정에서 주님을 세 차례나 부인하는 나약한 모습을 보였다. 그러나 나중에는 십자가에 거꾸로 못 박히는 일도 기쁨으로 감수했다. 이는 베드로뿐만 아니라 예수님의 다른 제자들도 마찬가지다. 과연 이 엄청난 복음의 원동력은 어디서 나오는가? 그것은 복음에 대한 확신이다. 바울 사도가 말한 것처럼 우리에게 다른 복음은 없으며, 천사라도 예수 외에 다른 복음을 전하면 저주를 받는다. 또한 나만 믿고 구원받으면 되는 것이 아니라, 그 복음을 사람들에게 전하려고 해야 한다. 다른 사람도 구원받게 하는 것이 하나님께서 가장 기뻐하시는 일임을 믿고 복음을 전할 때, 성령의 역사로 복음을 체험하고 능력을 받는다.

-민경설

도입을 위한 질문

❶ 여러분은 다른 사람에게 복음을 전해 보거나 들어 본 적이 있습니까? 가장 기억에 남는 전도 활동에 대해 나눠 보십시오.

❷ 여러분은 전도할 때 복음을 정확하게 제시하기 위해서 훈련을 받아 본 적이 있습니까? 구체적으로 어떤 훈련이었습니까?

본문 질문

❶ 누가는 누가복음을 통해 무엇을 기록하려고 합니까(1절)?

*이루어진: 하나님께서 구원에 대해 하셨던 약속들이 성취된 것을 말한다.

❷ 예수님의 선교 활동을 직접 보고 들은 목격자들은 후에 무엇을 하는 일꾼이 됐습니까(2절)?

❸ 목격자들을 통해 예수님의 내력을 들은 사람들은 어떤 시도를 많이 합니까(2절)?

❹ 누가는 복음서를 쓰기 전에 어떤 준비 작업을 합니까(3절)?

❺ 다음 글을 읽고 하나님의 주인 되신 권한(주권)에 대해 정리해 보십시오.

> 하나님을 항상 앞에 두고자 계획적으로 자꾸 행동하다 보면 은혜 충만한 새로운 습관이 옛 습관을 대체하게 된다. 나침반을 아무리 흔들어도 바늘은 늘 북쪽으로 돌아가듯이, 머지않아 우리의 생각도 하나님께로 돌아가게 된다. 그것을 위해서 신약성경 복음서를 날마다 정성 들여 읽고 또 읽어서 그 장면들과 말씀들을 암송하며 의도적으로 우리의 생각 앞에 둬야 한다. 그리고 아침에 일어나 잠자리에 들 때까지 말과 상상력으로 그것들을 되살려 내야 한다. 일단 결단하라. 그리고 나서 최선을 다하되 자신을 닦달하지는 말라. 저녁이 되면 하루 동안 어땠는지 검토하고 다음 날에 더 잘할 수 있는 방법들을 생각해 보라. 서서히 그러나 꾸준히 이 연습을 계속하다 보면, 머지않아 우리는 예수님의 인격과 아름다운 말씀이 우리의 생각을 점하고 있음을 알게 될 것이다. —달라스 윌라드, 『잊혀진 제자도』

❻ 누가는 왜 데오빌로 각하에게 복음서를 차례대로 써 보내려고 합니까(4절)?

❼ 사가랴와 엘리사벳은 하나님 앞에서 어떤 사람입니까(5–6절)?

❽ 이들에게는 어떤 문제가 있었습니까(7절)?

더 깊은 연구와 묵상을 위하여

❶ 성경이 사가랴와 엘리사벳을 의인이라고 칭하는 이유에 대해서 연구해 보십시오(6절).

❷ 누가는 예수님의 삶을 전하고자 하는 열정이 있었습니다. 그를 비롯한 많은 사람이 성경에 이런 열정들을 쏟았습니다. 지금 여러분 앞에 있는 자국어로 된 성경을 보며 하나님의 크신 은혜를 묵상해 보십시오.

적용을 위한 글

수많은 말씀의 종들이 치른 희생으로 성경이 탄생했다. 목숨을 걸고 복음을 전한 목격자들, 수많은 전승의 진위를 밝혀 기록한 기록자들, 그리고 역사 속에서 정경을 가려내고 그것을 모아 한 권의 성경으로 묶어 낸 수많은 말씀의 종들이 있었다. 그리고 각국의 언어로 성경을 번역해 낸 종들도 있었다. 내 앞에 놓여 있는 성경은 축복 중의 축복이고 기적 중의 기적이다. 수많은 말씀의 종들이 흘린 피와 땀이 헛되지 않도록 이 축복과 기적을 매일 누리고 전하자.

적용 및 결단을 위한 질문

❶ 여러분은 연약한 지체들이 복음을 확실하게 알도록 하기 위해 어떻게 도와주고 있습니까?

❷ 여러분은 하나님 앞에서 흠 없이 의롭게 살기 위해 어떤 노력을 하고 있습니까?

02 사가랴의 불신앙

본문 누가복음 1:8-25

외울 말씀 주께서 나를 돌보시는 날에 사람들 앞에서 내 부끄러움을 없게 하시려고 이렇게 행하심이라 하더라 (25절)

도입을 위한 글

미국 건국 초기, 미시시피 강둑에 한 여인이 나타났다. 때는 이른 겨울이었고 강은 얼음으로 덮여 있었다. 그 지역이 초행길이던 여인은 강을 건널 다리가 보이지 않아서 당황해하고 있었다. '과연 건널 수 있을까?' 밤그림자가 이제 막 그녀를 덮으려는 순간이었기 때문에 다시 돌아갈 수도 없었다. 그녀는 고민 끝에 몸무게를 분산시키기 위해 두 손과 무릎으로 엎드려서 강을 건너가기로 했다. 그런데 강을 반쯤 건넜을 때, 한 남자와 여러 마리의 말이 산더미 같은 석탄을 끌고 뿌연 먼지를 피우며 강 건너편에서 나타났다. 마차꾼은 속도를 늦추지도 않고 곧바로 얼음 위로 내달리며 건너갔다. 강을 기어서 건너던 자신이 바보스럽게 느껴진 여인은 일어서서 아무 두려움 없이 언 강을 가로질러 남은 길을 걸어갔다. 너무나 많은 사람이 하나님의 약속을 매우 신중하게 살피며 조심조심 기어가듯 살아가고 있다. 또 한편으로는 의구심을 갖기도 한다. 그리고 믿음 속으로 발을 살짝 내딛는다. 그러나 하나님의 약속은 쉽게 깨어지는 것이 아니며, 우리가 그 위에 서 있어도 결코 내려앉지 않는다.

-로버트 스트랜드, 『영혼의 친구 365』

도입을 위한 질문

❶ 하나님께서 여러분에게 주신 약속은 무엇입니까?

❷ 하나님의 약속을 믿고 나아가는 데 방해가 되는 장애물은 무엇입니까?

본문 질문

❶ 제사장 사가랴가 성전 안에서 분향하고 백성은 성전 밖에서 기도할 때 성소에 누가 나타납니까(8–11절)?

*분향(10절): 당시 제사장은 18,000명 중에서 제비에 뽑혀 성전 분향을 했다. 사가랴는 성소 중앙의 분향단에서 향을 집어넣고 단 앞에서 기도하는 임무를 담당했다.

❷ 무서워하는 사가랴에게 천사가 전해 준 기쁜 소식은 무엇입니까(12–13절)?

❸ 장차 태어날 요한은 사가랴와 많은 사람에게 무엇을 줄 것이라고 합니까(14절)?

*'기쁨'은 누가복음–사도행전의 핵심단어다.

❹ 요한은 장차 어떤 일을 하게 될 것이라고 합니까(15–17절)?

❺ 다음 글을 읽고 하나님의 약속을 신뢰하는 것에 대해 정리해 보십시오.

리빙스턴(Livingstone)처럼 복음을 위해 가족과 함께하는 편안한 생활을 등지고 오지로 떠나는 사람들을 지탱해 주는 힘은 무엇인가? 리빙스턴 자신이 그 질문에 대한 답을 줬다. 아프리카에서 16년을 섬긴 후에 스코틀랜드로 돌아온 그는 글래스고 대학에서 강의해 달라는 부탁을 받았다. 그때 그는 사자의 공격을 받아 한쪽 팔을 쓸 수 없게 된 상태였다. 그리고 27번이나 열대병을 앓은 그의 몸에는 고통의 흔적이 역력했다. 고달픈 삶을 살아온 그의 얼굴은 햇볕에 그을리고 깊은 주름이 패여 있었다. 리빙스턴이 평범한 사람이 아니라는 것을 감지한 학생들은 침묵에 사로잡혔다. "내 나그네의 삶이 가져다준 외로움과 고통과 어려움 속에서 나를 붙들어 준 힘이 무엇인지 아십니까?"라는 질문으로 강연을 시작한 그는 이어서 이렇게 말했다. "그것은 약속이었습니다. 가장 고결한 영광을 지닌 귀하신 분의 '보아라, 내가 세상 끝 날까지 항상 너희와 함께 있을 것이다'라고 하신 바로 그 약속이었습니다." 그가 세상을 떠났을 때, 그는 침대 옆에 기대어 무릎을 꿇고 기도하는 모습으로 발견됐다고 한다. 그리고 그의 곁에는 마태복음 28장이 펼쳐져 있는 손때 묻은 작은 신약성경이 놓여 있었고, 20절 옆의 여백에는 '존귀하신 분의 말씀'이라는 메모가 적혀 있었다고 한다.

–해럴드 살라, 『하나님께 목숨건 사람들』

❻ 사가랴는 천사 가브리엘이 전해 준 좋은 소식을 믿기보다 무엇에 더 집중합니까(18절)?

❼ 하나님의 약속을 믿지 않은 사가랴에게 어떤 징계가 내려집니까(19-23절)?

❽ 요한을 잉태한 엘리사벳은 하나님께서 무엇을 해 주셨다고 고백합니까(25절)?

더 깊은 연구와 묵상을 위하여

❶ 여러분은 현실적인 상황과 하나님의 약속 중에서 무엇을 더 신뢰합니까?

❷ 엘리사벳은 자신에게 일어난 일을 하나님의 눈으로 해석했습니다. 여러분은 하나님의 눈으로 삶을 해석하고 있는지 묵상해 보십시오.

적용을 위한 글

사가랴는 요한의 출생 예고를 믿을 수 없었다. 자신과 아내가 늙었기 때문에 생물학적으로 도무지 불가능한 일이라고 생각했기 때문이다. 사가랴는 하나님 앞에서 의로운 자였고 기도하는 자였지만 자기 생각의 한계를 뛰어넘지는 못했다. 천지를 창조하신 하나님께는 불가능이 없다. 우리의 좁은 생각의 틀 안에 하나님을 가두려고 해서는 안 된다. 하지만 사가랴의 아내 엘리사벳은 자신의 임신을 우연이라고 생각하지 않았다. 그녀는 하나님의 눈으로 자신에게 일어난 일들을 해석했고 고백했다.

적용 및 결단을 위한 질문

❶ 여러분은 성전 안에서든 밖에서든 기도의 자리를 지키고 있습니까?

❷ 여러분은 공동체의 기쁨이 되기 위해 성령 충만에 힘쓰고 있습니까?

03 마리아의 순종

본문 누가복음 1:26-38

외울 말씀 마리아가 이르되 주의 여종이오니 말씀대로 내게 이루어지이다 하매 천사가 떠나가니라 (38절)

도입을 위한 글

알렉산더(Alexander) 대왕에게는 훌륭한 주치의가 한 명 있었다. 실력뿐만 아니라 인품까지 뛰어났던 그 의사는 잦은 전쟁으로 인해 피로한 대왕의 건강을 최선을 다해 돌봤을 뿐만 아니라 상담자의 역할까지 수행했다. 하지만 두 사람의 관계를 시기하는 사람들이 생겨났다. 결국 그들은 음모를 꾸며 주치의가 조만간 약에 독을 타서 왕을 암살할 것이라는 소문을 퍼뜨렸다. 여러 사람으로부터 신변의 위협을 받고 있던 왕이었기에 사람들은 당연히 왕이 의사를 죽이거나 최소한 주치의를 다른 사람으로 바꿀 것이라고 생각했다. 그러나 왕은 소문의 진의를 묻지 않았고 오히려 약을 매일 빠짐없이 챙겨 먹었다. 대왕은 주치의를 믿었던 것이다. 아는 것과 믿는 것에는 큰 차이가 있다. 믿어야만 믿음의 능력을 맛볼 수 있다. 아는 것 그 자체는 어떤 능력도 없다. 우리가 말씀의 능력을 안다면 진실로 믿어야 한다. 진실로 믿는다는 것은 말씀에 순종하는 것을 의미한다. 우리가 말씀대로 순종하고 실행한다면 그 말씀의 능력을 경험할 수 있을 것이다. —안성우

도입을 위한 질문

❶ 만일 여러분에게 천사가 찾아와서 여러분이 이해하지 못하는 말을 한다면 어떻게 반응하겠습니까?

❷ 하나님께서 여러분의 평범한 생각을 뛰어넘어 일하시는 것을 경험한 적이 있습니까?

본문 질문

❶ 하나님은 마리아에게 천사 가브리엘을 보내셨습니다. 마리아의 신상에 대해 정리해 보십시오(26-27절).

*약혼(27절): 법적으로는 부부지만 성관계는 금지된 상황으로, 결혼을 준비하는 기간이었으며 요셉과 마리아는 함께 살지 않았다.

❷ 천사가 마리아에게 2번이나 건넨 인사말은 무엇입니까(28-30절)?

❸ 천사는 마리아에게 어떤 소식을 전합니까(31절)?

*마리아는 임신이 금지된 약혼한 처녀였다. 그런 마리아에게 잉태는 곧 죽음을 뜻했다.

❹ 마리아를 통해 태어나게 될 예수는 장차 어떤 자리에서 어떤 칭호를 받으며 어떤 일을 하게 될 것이라고 합니까(32-33절)?

❺ 다음 글을 읽고 확신, 믿음, 순종 사이의 상관관계에 대해 정리해 보십시오.

> 신학자이자 실존철학의 대가인 키에르케고르(Kierkegaard)는 "그것이 진리(하나님의 말씀)라면 난 목숨을 걸겠다"라며 그 진리를 위해 평생을 독신으로 살았다. 마리아는 천사로부터 '성령으로 잉태하여 예수를 낳을 것'이라는 하나님의 고지를 받을 때 '여종이오니 말씀대로 이루소서'라고 말했다. 인간으로서 불가능한 일에 대해 마리아는 어떻게 수락할 수 있었는가? 필자는 공무원으로 근무하던 시절, 세상과 직장과 가정을 버리고 주의 종이 되라는 부름을 받았고 주의 종이 됐다. 그것이 하나님의 말씀이라는 확신에서였다. 확신은 믿음을 낳고, 믿음은 순종을 가져온다. 우리의 확신은 하나님으로부터 오고, 믿음은 하나님의 말씀에서 오고, 순종은 그 확신과 그 믿음으로부터 온다. "또 내 이름을 위하여 집이나 형제나 자매나 부모나 자식이나 전토를 버린 자마다 여러 배를 받고 또 영생을 상속하리라"(마 19:29). -고훈

❻ 마리아는 잉태의 방법에 대해 질문합니다. 그러자 천사는 마리아가 무엇에 의해 잉태할 것이라고 합니까(34-35절)?

❼ 천사는 누구를 본보기로 제시하면서 마리아를 격려합니까(36절)?

❽ 마리아는 천사를 통해 전달받은 하나님의 말씀에 최종적으로 어떻게 반응합니까(37-38절)?

더 깊은 연구와 묵상을 위하여

❶ 하나님은 오래전 다윗과 하셨던 약속을 지키셨습니다. 다윗에게 하신 약속이 어떻게 성취됐는지 정리해 보십시오(삼하 7:12-16; 사 9:7).

❷ 성령으로 잉태됐다는 말은 구체적으로 무슨 뜻입니까?

적용을 위한 글

하나님은 이스라엘의 가장 낙후된 지역에 살던 한 처녀를 선택하셨다. 그녀는 비록 가난하고 보잘것없는 환경 가운데 있었지만, 그녀의 심장에는 누구와도 비교할 수 없는 하나님을 향한 큰 믿음이 있었다. "어찌 이 일이 있으리이까"(34절)라는 질문은 의심이 아니라 하나님의 일하심에 대한 궁금증이었다. 마리아는 성령의 능력으로 인한 잉태를 믿고 받아들였다. 이는 그 땅 어디에서도 발견될 수 없는 믿음이었다. 하나님은 지금도 믿음 있는 자를 찾으시며, 하나님의 능력의 통로가 될 주인공을 찾고 계신다.

적용 및 결단을 위한 질문

❶ 여러분은 하나님께서 베푸신 은혜에 어떻게 보답하고 있습니까?

❷ 요즘 여러분이 순종하기 어려운 하나님의 말씀은 무엇입니까? 여러분에게는 목숨을 거는 적극적인 믿음이 있습니까?

04 엘리사벳과 마리아의 찬양

본문 누가복음 1:39-56

외울 말씀 그의 여종의 비천함을 돌보셨음이라 보라 이제 후로는 만세에 나를 복이 있다 일컬으리로다 (48절)

도입을 위한 글

전도사 시절, 온 마을을 울리던 새벽 종소리는 나의 가슴을 울리는 하늘의 종소리였다. 어느 날 종에 달린 줄을 잡고 "주님, 이 마을 사람들을 구원하여 주소서. 어둠에 잠든 이 백성들의 잠을 깨우시고, 새벽을 알려 주소서. 멸망으로 달려가는 불쌍한 영혼들을 살려 주소서!" 하고 간절한 마음으로 기도하면서 줄을 힘차게 당겼다. 그 순간 눈물이 가슴속 깊은 곳에서부터 흘러내리면서 내 앞에 예수 그리스도께서 눈물을 흘리시는 모습이 보였다. 나는 "주님, 왜 우시나이까?"라고 물었다. 그때 "사랑하는 종아, 지금까지 네가 흘린 그토록 많은 눈물은 내가 네 안에서 흘린 눈물이었다"라는 음성이 들려왔다. 수많은 생명을 구원하시려는 그리스도의 영이 이 비천한 종으로 하여금 그토록 많은 눈물을 흘리게 하신 것이었다. 예루살렘 성을 보시고 우시던 그리스도의 눈물이 나의 눈물이 됐고, 십자가에서 인류 구원을 위해 흘리시던 눈물이 내 눈에서 흐르기 시작했다. 나는 그 눈물로 제단을 적시고 고부 지역을 적셨다. 그 눈물은 결코 헛되지 않았으며, 많은 사람이 주님의 품으로 돌아왔다.

—이중표, 『눈물을 먹은 마음』

도입을 위한 질문

❶ 여러분이 최근 하나님 앞에서 통곡했던 이유는 무엇입니까? 그때 하나님은 어떤 말씀을 해 주셨습니까?

❷ 여러분이 즐겨 부르는 찬송가는 무엇입니까? 그 찬송가의 주제는 무엇입니까?

본문 질문

❶ 마리아는 천사가 전해 준 메시지를 듣자마자 누구를 찾아가 무엇을 확인합니까(39–41절)?

❷ 엘리사벳은 예언자처럼 성령 충만하여 마리아를 향해 어떤 선언을 합니까(41–45절)?

*내 주의 어머니(43절): '메시야의 어머니'라는 뜻이다.

❸ 마리아가 주님을 찬양하며 기뻐한 이유는 무엇입니까(46–48절)?

❹ 하나님은 능력의 하나님을 두려워하는 자에게 무엇을 베푸십니까(49–50절)?

❺ 다음 글을 읽고 역전의 하나님에 대해 정리해 보십시오.

> 우리의 이성을 넘어선 신비 때문에 하나님의 공의를 의심하는 것은 어리석은 일이다. 성경은 이 세상만으로는 답이 나올 수 없는 물음들을 해결하기 위해 영원한 세상을 준비하셨기 때문이다. 그럼에도 불구하고 대부분의 성경 인물은 역전 드라마를 통해 역사의 무대 위로 올라선다. 그리고 마침내 당당히 하나님의 하나님 되심을 증거한다. 삶의 어려운 문제 중 하나는 의로운 자가 가난과 궁핍으로 고통스러워하는 것을 보는 일이다. 혹은 착한 주의 딸이 잉태하지 못하고 부끄러워하며 사는 일이다. 그러나 어느 날 갑자기 주님은 그들을 진토에서 일으키시고 거름 무더기에서 건져 내사 영화롭게 하신다. 요셉처럼, 다윗과 다니엘과 한나처럼 말이다. 그때 우리는 모두 역전의 하나님을 찬양하게 될 것이다.
>
> –이동원

❻ 하나님의 팔은 교만한 자, 권세 있는 자, 부자를 어떻게 처리하십니까(51–53절)?

❼ 반면에 비천한 자, 주리는 자는 어떻게 역전시켜 주십니까(52–53절)?

❽ 하나님은 언약에 신실하신 분입니다. 마리아의 잉태는 결국 누구에게 하신 언약을 지키는 것입니까(54–55절)?

더 깊은 연구와 묵상을 위하여

❶ 자신의 영적인 비천함 때문에 절망하는 것은 구원에 어떤 도움을 줍니까?

❷ 교만한 자, 권세 있는 자, 부자들이 환영받는 세상의 질서는 반드시 역전됩니다. 역전과 반전이 일어나는 그 날은 언제입니까?

적용을 위한 글

하나님 나라는 능력의 하나님을 두려워하고 경외하는 자가 긍휼하심을 얻는 곳이다. 그 나라는 비천한 자들이 높아지고 주리는 자들이 좋은 것으로 배부르는 나라다. 그 나라는 예수님을 통해 이미 시작됐다. 하나님의 교회를 통해 그 역전과 반전이 일어난다. 하지만 교회 안에서 여전히 부와 권력이 존경을 받는다면 그곳은 진정한 교회가 아니다. 예수님께서 이 땅에 다시 오실 때 완전한 역전이 일어날 것이다. 그날까지 참고 인내하며 견뎌야 한다. 그 날을 바라보며 마리아처럼 노래하며 나아가야 한다.

적용 및 결단을 위한 질문

❶ 여러분이 하나님의 말씀을 더불어 나누며 서로 격려하고 있는 사람은 누구입니까?

❷ 비천했던 여러분을 구원해 주신 하나님을 생각하며 감사 찬양하는 시간을 가져 보십시오.

05 요한의 출생

본문 누가복음 1:57-66

외울 말씀 듣는 사람이 다 이 말을 마음에 두며 이르되 이 아이가 장차 어찌 될까 하니 이는 주의 손이 그와 함께 하심이러라 (66절)

도입을 위한 글

어느 의과대학 교수가 학생들에게 질문했다. "한 부부가 있는데 남편은 매독에 걸려 있고 아내는 심한 폐결핵에 걸렸습니다. 이 가정에는 아이가 넷 있는데 한 아이는 며칠 전 병으로 죽었고, 남은 세 아이도 결핵을 앓고 있어 살아날 가망이 거의 없습니다. 심한 폐결핵에 걸려 있는 부인은 현재 임신 중인데 어떻게 하면 좋겠습니까?" 그랬더니 한 학생이 손을 번쩍 들고 답했다. "낙태 수술을 해야 합니다." 그러자 교수는 이렇게 말했다. "자네는 방금 베토벤을 죽였네." 오늘날 의료상의 판단으로 낙태가 권유될지도 모를 그 아이가 음악계의 거성이 되리라고 누가 상상이나 했겠는가? 이처럼 우리같이 부족하고 미련한 인생들을 하나님께서 귀중하게 사용하시리라 누가 상상이나 했겠는가? 그러기에 믿음의 사람들은 어떤 상황에서도 희망을 포기해서는 안 된다.

—이영무

도입을 위한 질문

❶ 요즘 여러분을 절망에 빠지게 하거나 실망하게 하는 것은 무엇입니까?

❷ 여러분의 삶에도 기적이 일어날 수 있다는 것을 믿습니까? 그 이유는 무엇입니까?

본문 질문

❶ 엘리사벳이 아들을 낳았다는 소식을 들은 이웃과 친족은 어떻게 반응합니까(57–58절)?

❷ 친족들은 아이의 이름을 무엇이라고 지으려 했습니까(59절)?

❸ 엘리사벳은 친족들의 제안을 단번에 거절한 후 요한이라는 이름을 제시했습니다. 그러자 친족들은 어떤 명분을 내세웁니까(60–61절)?

*가문의 전통과 관습에 따르라는 압력이었다.

❹ 친족들은 몸짓으로 아이의 아버지인 사가랴의 의향을 물었습니다. 그때 사가랴가 서판에 쓴 이름은 무엇입니까(62–63절)?

❺ 다음 글을 읽고 그리스도인이 품어야 할 소망과 기대에 대해 정리해 보십시오.

여성들은 산고를 겪을 때 다시는 아기를 안 낳겠다고 결심한다고 한다. 아기를 낳을 때 207개의 모든 뼈가 흔들리고 살이 늘어난다고 하니, 그 아픔이야 나 같은 남성 따위는 죽을 때까지 한 번도 경험해 보지 못하는 고통일 것이다. 그러나 그런 결심을 했던 여성이 아이를 둘도 낳고 넷도 낳는다. 내가 아는 어떤 분은 9명을 낳았다. 어째서일까? 그것은 '이후의 기쁨'이 '이전의 고통'을 잊어버리게 하기 때문이다. 환희는 아픔을 삼키는 능력을 지니고 있다. 여성이 또다시 임신하는 이유는 '결과의 기쁨'이 '과정의 고통'을 삼켜 버리는 것을 경험했기 때문이다. 구약 성경에 쓴 나물 이야기가 나온다. 이스라엘 백성들은 애굽에서 탈출하기 전날 밤 누룩을 넣지 않은 맛없는 빵과 쓴 나물을 먹었다. 하나님의 백성이 되려면, 그리고 노예 생활에서 해방되려면 적어도 그 정도의 고통은 겪어야 한다는 것이었다. 이는 아픔과 고난을 그것으로 인해 새로운 세계로 들어가는 과정으로 해석한 것이다. 인간이 사는 세상에 고통이 없는 곳은 없다. 깨끗한 것만 있는 곳도 없다. 그러므로 오늘의 아픔이 기쁨을 가져올 것이라는 소망을 갖고 고통을 의연하게 받아들이자.

–최승일

❻ 사가랴는 하나님의 명령대로 순종하자마자 다시 말을 하게 됐습니다. 그때 사가랴가 제일 처음 한 말은 무엇입니까(64절)?

*사가랴 부부는 "그 이름을 요한이라 하라"(눅 1:13)는 하나님의 명령에 순종했다.

❼ "이 모든 말"(65절)을 들은 사람들은 어떤 마음을 가졌습니까(65-66절)?

*이 모든 말(65절), 이 말(66절): 사가랴의 가정에 나타난 기적에 대한 이야기를 말한다.

❽ 사람들은 요한의 미래를 기대했습니다. 그 이유는 무엇입니까(66절)?

더 깊은 연구와 묵상을 위하여

❶ 이웃과 친족은 엘리사벳의 출산을 함께 기뻐했습니다. 여러분은 이웃이나 친족에게 기쁜 일이 생겼을 때 진심으로 축하해 주고 있는지 살펴보십시오.

❷ 은혜를 경험한 사가랴의 입술에서 찬송이 터져 나왔습니다. 불평을 멈추고 찬송하려면 먼저 무엇부터 해야 합니까?

적용을 위한 글

사가랴의 불신에도 불구하고 하나님의 기적은 여전히 진행됐다. 천사의 말대로 엘리사벳은 출산 예정일에 아들을 낳았다. 불임의 고통으로 보냈던 날들은 가고 기쁨만이 가득했다. 이웃과 친족은 진심으로 축하했으며 하나님의 긍휼을 찬송했다. 한편, 벙어리가 된 사가랴도 하나님의 말씀대로 순종하자 다시 말을 하게 됐다. 불신과 의심의 입술에서 찬송의 입술이 된 것이다. 불임의 몸에서 아들이 태어나고 벙어리가 됐다가 다시 말을 하게 된 이 기적은 인근 각처로 퍼져 나갔고, 사람들은 요한과 함께하시는 하나님의 손을 주목하게 됐다.

적용 및 결단을 위한 질문

❶ 여러분에게 있는 가문의 전통이나 관습은 무엇입니까? 이 때문에 하나님의 명령에 순종하지 않았던 일에 대해 나눠 보십시오.

❷ 여러분은 주의 손이 함께하시는 여러분의 미래에 대해 어떤 기대를 갖고 있습니까?

06 사가랴의 찬송

본문 누가복음 1:67-80

외울 말씀 찬송하리로다 주 이스라엘의 하나님이여 그 백성을 돌보사 속량하시며 (68절)

도입을 위한 글

구원과 사랑에 감격해서 목이 쉬도록 찬송을 불러 본 경험이 있는가? 나는 1966년에 첫 은혜를 받고 한 달 동안 찬송을 부르느라 목이 완전히 상했다. 당시 내가 제일 좋아하던 찬송가는 「주 달려 죽은 십자가」(149장)였다. 가시 면류관을 쓰시고, 두 손에 못 박히셨다는 찬송이 너무도 좋아서 목이 쉬도록 불렀다. 1987년 영국으로 가기 전에도 찬송의 위력을 경험했다. 당시 나는 영적으로나 육신적으로 매우 곤고한 상태였다. 연예인교회를 사임하고 간이 많이 나빠져서 어려움을 겪었다. 그때 아내와 함께 회개하며 불렀던 찬송, 눈물 흘리며 부르던 찬송이 바로 「나 주를 멀리 떠났다」(273장)다. 이전에는 그 찬송을 성도들만 부르는 찬송이라고 생각했다. 하지만 그 찬송은 목사가 불러야 할 찬송이라는 사실을 그때 깨달았다. 찬송은 은혜받은 자만이 부를 수 있는 하늘의 노래다. 감사와 감격과 눈물 없이 진정한 찬송은 없다. 기도가 메마르면 찬송도 메마르게 된다. 말씀이 메마르면 찬송도 메마르게 된다. 사랑과 겸손이 메마르면 찬송이 나오지 않는다. 신앙의 척도는 찬송에 있다. 감사가 사라지고 기도가 사라지는 것은 자신이 가장 먼저 알 수 있다.

―하용조, 『하나 됨의 열망』

도입을 위한 질문

❶ 여러분이 가장 기쁘거나 힘들 때 불렀던 찬송가는 무엇입니까?

❷ 여러분이 최근 자주 부르는 찬송가는 무엇입니까? 그 이유는 무엇입니까?

본문 질문

❶ 다시 말을 할 수 있게 된 사가랴는 제일 먼저 무엇을 했습니까(67절)?

❷ 사가랴는 하나님께서 그 백성을 속량하시기 위해 무엇을 어디에서 일으키셨다고 찬송합니까(68-69절)?

*뿔(69절): 싸우는 짐승의 힘을 상징한다. 구원의 뿔은 능력 있는 구세주를 지칭한다.

❸ 하나님은 오래전 아브라함이나 거룩한 선지자에게 구원을 약속하셨습니다. 그 약속은 누구의 손으로부터 구원해 주신다는 약속이었습니까(70-75절)?

❹ 사가랴는 장차 자신의 아들이 어떤 일을 하게 될 것이라고 예언합니까(76–77절)?

❺ 다음 글을 읽고 긍휼의 하나님에 대해 정리해 보십시오.

하나님께서 '의의 천사'에게 질문하셨다. "내가 세상을 창조하고 그 세상에서 가장 으뜸 되는 피조물로 인간을 창조하려고 하는데 어떻게 생각하느냐?" 의의 천사가 대답했다. "하나님, 인간을 창조하지 마십시오. 인간들은 온갖 불의로 이 세상을 더럽힐 것입니다." '거룩의 천사'도 "하나님, 인간을 창조하셔서는 안 됩니다. 그 인간들은 이 세상을 더러움으로 가득 채울 것입니다"라고 대답했다. '빛의 천사'도 "인간들은 이 세상을 어둠으로 만들고야 말 것입니다"라며 인간의 창조를 반대했다. 하지만 '긍휼의 천사'는 달랐다. "하나님, 인간을 창조하셔야 합니다. 하나님께서 인간을 창조하시면 이 세상은 불의하고 더러워지고 어둠에 잠길지도 모릅니다. 그러나 하나님, 이 불의와 더러움과 어둠 속에 있는 인간들에게 저는 기어이 그들을 사랑하시는 하나님의 사랑을 이야기할 것입니다. 그리고 그들이 새로워지고 하나님께서 기대하시는 사람이 되도록 그들을 하나님 앞으로 인도할 것입니다." 하나님은 우리를 사랑과 긍휼로 돌보시며 우리를 포기하지 않으신다. –이선구

❻ 구원은 하나님의 무엇에서 나오는 것입니까(77–78절)?

❼ 사가랴는 돋는 해와 같은 메시야를 통해 어떤 일이 일어날 것이라고 합니까(78–79절)?

❽ 요한은 지극히 높으신 이의 선지자가 되기 위해서 어떤 연단의 과정을 거칩니까(80절)?

더 깊은 연구와 묵상을 위하여

❶ 하나님께서 그 백성을 돌보신 예를 성경 다른 곳에서 찾아보십시오(창 8:1; 출 2:25).

❷ "우리 원수"와 "우리를 미워하는 모든 자"는 구체적으로 누구를 가리킵니까(71절)?

적용을 위한 글

사가랴의 찬송은 마리아의 찬송(눅 1:46-55)과 맥을 같이한다. 사가랴는 구원자를 보내 주시는 하나님을 찬송했고, 구원자의 길을 예비하는 요한의 사명에 대해서도 찬송했다. 하나님은 당신의 백성이 원수에게 사로잡혀서 어둠과 죽음의 그늘에 앉아 있는 것을 방치하지 않으신다. 그들을 구원하시기 위해 치밀한 계획을 세우시고 역사 속에 개입하셔서 구원을 실행하신다. 사가랴는 요한의 탄생을 통해 하나님의 구원을 깊이 깨닫게 됐다. 그리고 성령에 충만하여 앞으로 전개될 하나님의 구원 사역을 찬송한 것이다.

적용 및 결단을 위한 질문

❶ 하나님은 여러분을 구원하시기 위해 역사 속에서 수많은 일을 계획하고 실행하셨습니다. 그 일들을 생각할 때 어떤 느낌이 듭니까?

❷ 여러분의 인생을 향한 하나님의 계획이 있음을 발견했습니까? 하나님의 사랑을 확인하고 기억하며 찬양하는 시간을 가져 보십시오.

07 강보와 구유

본문 누가복음 2:1–14

외울 말씀 지극히 높은 곳에서는 하나님께 영광이요 땅에서는 하나님이 기뻐하신 사람들 중에 평화로다 하니라 (14절)

도입을 위한 글

크리스마스가 지난 어느 우중충하고 비 오는 날에 우연히 교회를 지나가게 됐다. 그리고 그곳에서 진짜 구유 하나를 발견했다. 그것은 아마 크리스마스 장식에 사용했던 소품이었을 것이다. 화려한 크리스마스 축제 속에서 밝은 빛이 있었고, 은은하고 감미로운 음악이 있었으며, 마리아와 요셉, 동방박사, 목자들, 심지어 짐승들까지도 즐거워하며 기뻐 뛰었을 것이다. 그러나 축제는 잠시뿐, 구유 안에 남겨진 어린 아기 인형은 쓸쓸히 비를 맞으며 울고 있었다. 그것이 오늘 우리 교회가 예수님을 대해 온 방식일 것이다. 우리는 필요할 때는 예수님을 관심과 경배의 대상으로 삼지만, 그 후에는 까마득히 잊어버린 채 다른 사건이나 물건에 달려가 거기에 무섭게 집착한다.

–제크 키

도입을 위한 질문

❶ 여러분은 성탄절 하면 무엇이 가장 먼저 떠오릅니까?

❷ 여러분은 성육신하신 예수님께 얼마나 감사하며 찬송합니까?

본문 질문

❶ 예수님께서 탄생하실 때, 로마 제국과 수리아를 통치하던 사람은 누구였습니까(1–2절)?

❷ 요셉과 마리아가 호적하러 올라간 곳은 어디였습니까(3–5절)?

❸ 요셉과 마리아는 예수님을 낳아 어디에 뉘었습니까(6–7절)?

❹ 예수님을 짐승들의 먹이통에 뉘일 수밖에 없었던 이유는 무엇입니까(7절)?

❺ 다음 글을 읽고 겸손과 낮아짐의 영성에 대해 정리해 보십시오.

성탄절이 가까워 오면 생각나는 것들이 있다. 카드, 선물, 화이트 크리스마스, 추억 등이다. 하지만 그리스도인들은 마음속에 한 장의 그림을 떠올려야 한다. 그것은 구유에 누워 계신 아기 예수님이다. 높고 빛나는 하늘 보좌를 버리시고 낮고 천한 모습으로 이 땅에 오신 하나님의 독생자 예수 그리스도를 볼 수 있어야 한다. 구유의 영성을 가진 그리스도인이 많아졌으면 하는 소망이 있다. 구유의 영성은 무엇을 말하는가? 그것은 지극히 낮아지는 삶과 끊임없는 희생의 삶을 뜻한다고 볼 수 있다. 나를 포기하는 십자가의 길이기도 하다. 예수님은 소외되고 버림받은 자들을 사랑하셨고 자신의 몸을 십자가 상에서 희생 제물로 드리심으로 인류를 구원하는 생명의 떡이 되셨다. 성탄절에 우리는 휘황찬란한 크리스마스 장식 뒤에 숨겨져 있는 구유를 찾아내야 한다. 그곳에 외롭게 홀로 누워 계신 그 아기 예수님을 보라. 그 아기 예수님을 마음속에 모시고 경배하는 묵상의 시간이 모든 그리스도인에게 필요할지도 모른다.

–김학규

❻ 천사가 큰 기쁨의 소식을 전해 준 사람들은 누구입니까(8–10절)?

*목자(8절): 당시 목자는 죄인 취급받는 천민이었다.

❼ 천사는 다윗의 동네에 태어나신 예수님을 누구라고 소개합니까(11절)?

❽ 천군 천사가 하나님을 찬송한 내용은 무엇입니까(13–14절)?

더 깊은 연구와 묵상을 위하여

❶ 하나님은 구약의 예언을 이루시기 위해 로마 황제의 호적령을 사용하십니다. 말씀들을 통해 이 상황이 어떻게 이뤄졌는지 연구해 보십시오(룻 4:11; 사 11:1; 렘 33:15; 미 5:2).

❷ 천사들이 당시 천민이었던 목자들에게 가장 먼저 복음을 전해 준 이유는 무엇입니까?

적용을 위한 글

로마 황제는 호적령을 내렸다. 이는 누구도 거부할 수 없는 황제의 명령이었다. 제국의 모든 사람이 황제에게 굴복하는 것처럼 보였다. 하지만 하나님의 구원 역사는 조용하면서도 매우 강력하게 진행되고 있었다. 하나님이신 예수님께서 동정녀 마리아를 통해서 시공간 속으로 들어오셨다. 구약에서 예언된 말씀들은 빠짐없이 정확하게 실행됐다. 천사들은 가장 천대받던 목자에게 가장 위대한 소식을 가장 먼저 전해 줬다. 하늘의 천군 천사들도 하나님을 찬송했다. 그러나 그 찬송 소리를 들을 수 있는 사람은 세상에 한 사람도 없었다. 강력하지만 너무도 조용한 구원의 역사였다.

적용 및 결단을 위한 질문

❶ 여러분은 누더기 천에 싸여서 짐승들의 먹이통에 누워 계신 예수님을 생각할 때 어떤 느낌이 듭니까?

❷ 여러분은 성육신하여 이 땅에 오신 예수님의 은혜에 늘 감사하고 있습니까?

08 가난한 자들의 찬송

본문 누가복음 2:15-24

외울 말씀 목자들은 자기들에게 이르던 바와 같이 듣고 본 그 모든 것으로 인하여 하나님께 영광을 돌리고 찬송하며 돌아가니라 (20절)

도입을 위한 글

요즘처럼 나라가 어려울 때는 2002년의 여름이 더욱 그리워진다. 월드컵 4강이라는 기적 같은 승리를 통해 '대한민국'을 한목소리로 외치던 그때가 그립다. 그러나 그런 역사가 하루아침에 이뤄진 것은 아니었다. 처음 월드컵에 출전했던 한국 팀은 엄청난 실력 차로 패배만 거듭했다. 당시 한국 팀에 큰 패배를 안겼던 헝가리 선수 중에 푸스카스(Puskas)라는 뛰어난 선수가 있었다. 그는 어느 인터뷰에서 "내가 축구를 하지 않을 때는 축구 이야기를 합니다. 내가 축구 이야기를 하지 않을 때는 축구에 대해 생각합니다"라는 말을 남겼다. 열정은 헌신을 낳는다. 또한 헌신은 전문성을 낳는다. 지금 우리는 무엇에 열정을 쏟고 있는가? 과연 앞으로의 대한민국은 어떤 열정으로 살아나가야 하는가? '내 안에 사는 이는 그리스도'라고 고백하며 열정을 불태우는 우리가 되기를 바라는 마음이 간절하다. -임성빈

도입을 위한 질문

❶ 여러분은 무엇에 가장 큰 열정을 보입니까?

❷ 여러분이 말씀에 대한 열정을 가장 크게 가졌던 때는 언제였습니까?

본문 질문

❶ 목자들은 천사로부터 복음을 전해 들은 후 어떻게 반응합니까(15–16절)?

❷ 목자들은 아기 예수님 주변에 모인 사람들에게 무슨 말을 전합니까(17절)?

❸ 사람들과 마리아는 목자들이 전해 준 복음에 대해 각각 어떻게 반응합니까(18–19절)?

 |

❹ 목자들은 자신들이 듣고 본 모든 것으로 인해 어떻게 합니까(20절)?

❺ 다음 글을 읽고 하나님에 대한 열정을 정리해 보십시오.

열정이 없는 사람은 할 일이 없다. 그러나 열정이 있는 사람은 일할 시간을 만들고 환경을 조성한다. 평생의 사명은 열정을 일으키며, 열정은 그 사명을 달성하게 해 준다. 사명자의 마음이 열정으로 타오를 때 하나님은 그것을 성취의 동력으로 사용하신다. 하나님은 열정의 하나님이시며, 성령은 비전의 영, 열정의 영이시다. 하나님께서 내 인생 가운데 위대한 일을 계획하셨다는 사실을 깨닫는 사람은 열정의 사명자가 될 수 있다. 경제적 의미에서의 일은 생계유지의 기본 수단이다. 생명적 의미에서의 일은 우리의 몸과 직결돼 있다. 사회적 의미에서의 일은 사회적 역할이요, 사회적 기여를 뜻한다. 하지만 성경적 의미에서의 일은 인간에게 맡겨진 사명이며, 하나님께서 부여하신 천직이다. 롤랑 퀴블러(Roland Kübler)는 이렇게 말했다. “길은 많다. 그러나 그 많은 길을 다 가 보기에는 인생이 너무 짧다.” 우리는 모든 것을 다 하도록 부르심을 받지 않았다. 우리에게는 모든 것을 다 할 수 있는 시간이나 능력도 없다. 하나님은 우리가 중요한 것을 하기 원하신다. 또한 하나님께서 우리를 통해 하고자 하시는 일에 우리가 집중하기를 원하신다. —공수길

❻ 요셉이 아기의 이름을 예수라고 지은 것은 무엇에 순종한 것입니까(21절)?

❼ 요셉과 마리아는 왜 아기 예수님을 데리고 예루살렘으로 올라갔습니까(22절)?

*정결예식: 출산한 여성은 부정했기에 40일 동안 집안에 머무른 후 성전에서 속죄제를 드려야 했다.

❽ 요셉과 마리아는 성전에서 어떤 율법을 준수합니까(23-24절)?

더 깊은 연구와 묵상을 위하여

❶ 예수님은 당시 가장 천대받고 가난하던 목자들의 찬송을 받으셨습니다. 이 사건은 구속사적으로 어떤 의미를 가집니까(사 61:1)?

❷ 하나님이신 예수님께서 왜 율법의 시작인 할례를 받으셔야만 했습니까(롬 8:4)?

적용을 위한 글

목자들은 복음을 듣자마자 복음의 현장으로 재빨리 달려갔다. 목자가 양 떼를 버릴 정도의 열정이었다. 마리아는 목자들의 증언을 마음에 새기고 생각했다. 그 역시 말씀에 대한 열정이 가득했다. 하나님의 말씀을 사랑하는 사람들은 뭔가 달라도 다르다. 아무리 어려운 상황 속에서도 뚝심을 갖고 말씀을 지켜 나간다. 가난하고 천대받던 목자들, 가난한 시골 출신 부부인 요셉과 마리아가 그랬다. 그런 그들을 하나님은 도구로 사용하셨다. 하나님은 오늘도 그런 사람을 찾으신다. 말씀에 대한 열정을 갖고 순종하는 사람을 찾으신다.

적용 및 결단을 위한 질문

❶ 목자와 마리아처럼 복음과 말씀에 대한 열정이 간절한지 지금 여러분의 모습과 비교해 보십시오.

❷ 여러분은 어려운 상황 속에서도 말씀에 순종하기 위해 어떤 노력을 하고 있습니까?

09 시므온과 안나

본문 누가복음 2:25-39

외울 말씀 시므온이 아기를 안고 하나님을 찬송하여 이르되 (28절)

도입을 위한 글

초대 교회 성도들에게는 그리스도의 재림에 대한 소망이 넘쳤으며, 재림에 대한 언급은 신약 성경에서 300번이 넘게 나온다. 그러나 우리에게 재림은 그다지 흥미로운 일이 아니다. '그리스도의 재림'의 의미가 이렇게 흐려진 데는 4가지 이유가 있다. 첫째, 오늘날은 2세기 중엽 이후에 행해지던 예언 연구의 강렬한 경향, 즉 세상의 멸망을 선고하는 경향에 반발하는 시대다. 때문에 그리스도의 재림은 좋지 않은 인상만 주게 됐다. 둘째, 오늘날은 그리스도가 인격적, 육체적으로 다시 살아나시고 승천하셨음을 회의적으로 바라보는 시대다. 그래서 그분을 다시 볼 수 있다는 소망에 대해 의심의 눈초리를 보내고 있다. 셋째, 오늘날은 그리스도인들이 사회 정의와 경제 정의에 관심이 없다는 비난을 면하기 위해 '이런 세속적인 견해'에 도전하지 못하고 망설이는 시대다. 그래서 그리스도가 이 세상을 심판하신다는 사실이나 그리스도인의 소망은 이 세상 너머에 있다는 사실이 경시된다. 넷째, 그리스도인들이 누리는 좋은 것들을 생각하느라 그리스도가 다시 오셔서 주실 더 좋은 것들에 대해 점점 더 생각하지 않게 됐다. 그들은 다른 사람이 박해받거나 궁핍하게 되는 것을 바라지 않지만, 그것이 자신에게 이익을 줄 수 있다면 애써 막으려고도 하지 않는다.

-제임스 패커, 『견고한 크리스천』

도입을 위한 질문

❶ 「도입을 위한 글」을 읽고, '예수님의 재림'에 대해 그동안 생각했던 것과 어떤 점이 다른지 이야기해 보십시오.

❷ 최근에 다른 성도들과 대화하면서 예수님의 재림에 대해 말한 적이 있습니까? 그 대화를 통해 여러분은 즐거웠습니까, 아니면 괴로웠습니까? 그 이유는 무엇입니까?

본문 질문

❶ 의롭고 경건한 시므온은 무엇을 기다립니까(25절)?

*이스라엘의 위로: 메시야가 오심으로 이스라엘이 회복되며 구원받게 될 것을 가리키는 말이다.

❷ 성령님은 과거에 시므온에게 어떤 말씀을 하셨습니까(26절)?

❸ 시므온이 성령의 감동으로 성전에 들어갔을 때 누구를 만납니까(27절)?

❹ 시므온은 아기를 안고 찬송하면서 예수님을 어떤 분이라고 표현합니까(28-32절)?

❺ 다음 글을 읽고 재림에 대해 정리해 보십시오.

> 주가 오신다는 약속은 수 세기에 걸쳐 그리스도인에게 커다란 소망이 돼 왔다. 에밀 브루너(Emil Brunner)는 "폐에 산소가 필요한 것처럼 인간에게는 희망이 필요하다"라고 말했다. 찰스 웨슬리(Charles Wesley)는 7천 개의 찬송가를 썼는데 그중 5천 개에 그리스도의 재림을 담았다. 엘리자베스 2세(Elizabeth Ⅱ)의 대관식을 주관했던 캔터베리 대주교는 왕관을 그녀의 머리 위에 얹으며 이같이 말했다. "여왕 폐하, 제가 이 왕관을 드리오니 마땅히 쓸 권리를 가지신 분이 돌아오실 때까지 폐하께서 쓰시옵소서." 주님께서 오시기 전까지의 세상에 대해 어느 유명한 칼럼니스트는 다음과 같이 말했다. "우리 모두에게 세상은 무질서하고 위험하며, 통제할 수 없는 것임이 분명하다." 누가 질서를 회복시킬 것인가? 누가 핵 위험을 막아 줄 수 있는가? 누가 에이즈와 우리 시대의 다른 전염병을 박멸시킬 수 있는가? 누가 홀로 세상을 통치할 수 있는가? 그 유일한 해결책은 예수 그리스도시다. 하나님은 이 세상을 당신의 아들 예수 그리스도께 약속하셨고, 어느 날엔가 완전히 그분의 통치 아래 두실 것이다. 그리스도의 재림으로 믿음의 사람들이 해방되고 그들의 억울함이 신원될 것이다. 그때 세상 사람들은 왜 진실한 그리스도인이 자신들과는 다른 삶을 살았는지 이해할 것이다.
>
> -빌리 그래함, 『폭풍이 몰려온다』

❻ 시므온은 마리아에게 장차 아기가 어떤 일을 하게 될 것이라고 합니까(34-35절)?

❼ 안나 선지자는 과부가 된 이후 어떤 삶을 살았습니까(36-37절)?

❽ 안나 선지자는 예루살렘의 속량을 바라는 모든 사람에게 누구를 증거합니까(38절)?

*속량: 25절의 '위로'와 같은 개념으로 이스라엘의 구원을 뜻한다.

더 깊은 연구와 묵상을 위하여

❶ 시므온과 안나 선지자와 같이, 예수님을 믿는 그리스도인은 무엇을 기다려야 합니까?

❷ 예수님은 그리스도인에게는 구원의 반석이지만 세상 사람들에게는 넘어지게 하는 돌입니다. 예수님에 대한 논란과 갈등이 일어날 때 어떤 태도를 취해야 합니까?

적용을 위한 글

시므온과 안나는 영적으로 어두운 시대에서도 믿음을 저버리지 않았다. 시므온과 안나는 종교적인 악취만 풍기던 예루살렘과 성전에서도 끝까지 남은 자로 살았다. 시므온은 의롭고 경건했으며 성령이 충만했다. 안나는 주야로 금식하며 성전을 기도로 채웠다. 하나님은 이들에게 그리스도를 직접 만날 수 있는 귀한 선물을 허락하셨다. 시므온은 찬송할 수밖에 없었고, 안나는 사람들에게 그리스도를 증거할 수밖에 없었다. 이처럼 그리스도인들은 예수님의 다시 오심을 기다려야 한다. 하루하루를 간절하게 기다리면서 사명을 감당해야 한다.

적용 및 결단을 위한 질문

❶ 여러분은 매일 예수님을 가슴에 품고 찬송하고 있는지 살펴보십시오.

❷ 여러분은 시므온과 안나 선지자를 통해 무엇을 배울 수 있습니까?

10 성장하시는 예수님

본문 누가복음 2:40-52

외울 말씀 예수는 지혜와 키가 자라가며 하나님과 사람에게 더욱 사랑스러워 가시더라 (52절)

도입을 위한 글

1960년대 유명한 복음주의자로 교회의 선지자적인 역할을 감당한 에이든 토저(A. W. Tozer) 목사는 오늘날의 교회에 3가지 문제가 있다고 말한다. 첫째, 믿는 자가 성장하지 않고 항상 어린아이로 머물러 있으며 다만 살만 찌는 것이다. 둘째, 믿는 자가 교회 안에서 마땅히 해야 할 일을 알지 못하고 오직 참관만 하는 것이다. 셋째, 믿는 자들이 서로 일치되지 않으며 분열과 다툼만 일삼는 것이다. 토저 목사는 이것이 오늘날 교회의 심각한 문제라고 지적하면서 "이것을 해결하는 길은 오직 하나, '하나님을 알 때'만이 가능하다"고 말한다. 하나님의 자녀는 나이가 들어 갈수록 하나님 나라의 백성들이 나아갈 방향과 나아가야 할 때를 알아야 한다. 하나님께서 앞으로 하고자 계획하시는 일들을 알아야 한다. 나이가 들수록 더 많은 사람을 품을 줄 알고, 더 많은 사람을 세워 줄 힘이 있어야 한다. 이것이 바로 영적 성숙이다.

—홍성건, 『하나님의 성품에 참여하는 사람』

도입을 위한 질문

❶ 여러분은 시간이 갈수록 성장하며 성숙하고 있는지 돌아보십시오.

❷ 여러분의 성장과 성숙을 가로막는 가장 큰 장애물은 무엇입니까?

본문 질문

❶ 아기 예수님은 무엇이 성장하고 성숙해집니까(40, 52절)?

*40–52절은 인클루지오(수미상관법) 구조다. 단락의 처음(40절)과 끝(52절)의 내용을 반복하고 가운데 핵심 내용(47절)을 강조하는 용법이다.

❷ 예수님의 부모가 해마다 예루살렘에 올라간 이유는 무엇입니까(41–42절)?

*요셉은 나사렛의 가난한 목수로 해마다 예루살렘에 올라갈 경제적 여유가 있는 상황이 아니었다.

❸ 아이 예수님은 유월절 축제가 끝났음에도 계속해서 예루살렘 어디에서 무엇을 하고 계십니까(43–46절)?

❹ 성전의 율법 선생들은 아이 예수님의 지혜와 대답에 대해 어떻게 생각합니까(47절)?

❺ 다음 글을 읽고 균형 잡힌 성숙에 대해 정리해 보십시오.

보통 사람이 하룻밤 잠을 잘 때 뒤척이는 수는 50번이 넘는다고 한다. 그런데 어른들은 침대에서 떨어지지 않는데 어린아이는 종종 떨어지곤 한다. 어른들은 오른쪽으로 한 번 뒤척이면 그다음은 반대로 뒤척이지만, 아이들은 한 방향으로 계속 뒤척이다가 침대에서 떨어진다는 것이다. 어른들은 본능적으로 위험을 감지해서 균형을 이루는 데 비해 어린아이는 균형 감각이 없기 때문이다. 나이가 들어 성숙해 간다는 것은 바로 이런 균형 감각을 갖게 되는 것이 아닐까 생각해 본다. 사실 사람의 생각이나 행동이 어느 한쪽으로 치우치는 것을 피할 수 없다. 보수와 진보 간의 대립은 피할 수 없는 일이고, 우리는 그중에서 하나를 택해야 한다. 그러나 흑백논리처럼 2가지 입장만 존재하는 것이 아니고, 중도파나 유보하는 입장도 있을 수 있다. 인생에서도 균형 감각을 갖다 보면 조금씩 성숙하게 된다. 나이가 들어야만 성숙해지는 것은 아니다. 그리스도인은 말씀을 통해서 좌로나 우로나 치우치지 않는 균형 잡힌 성숙을 이뤄 가야 한다. 말씀대로 살려는 노력이 이뤄지면 한쪽으로 치우치게 되는 미성숙에서 벗어나게 될 것이다. –방선기

❻ 아이 예수님은 어머니 마리아의 질책에 어떻게 반문하십니까(48-49절)?

❼ 아이 예수님은 성전을 누구의 집이라고 표현하십니까(49절)?

❽ 이 사건 후에 예수님은 어디에서 어떤 삶을 사십니까(51절)?

더 깊은 연구와 묵상을 위하여

❶ 예수님은 우리와 같은 참사람이 되셨습니다. 하지만 그분이 우리와 다른 점은 무엇입니까(히 4:15)?

❷ 요셉과 마리아는 성전에 계신 아이 예수님을 찾기 위해 길거리를 헤맸습니다. 예수님께서 성전에 계셨던 이유는 무엇인지 연구해 보십시오.

적용을 위한 글

하나님이신 예수님은 인간으로 태어나시고 성장하셨다. 지혜와 키가 자라셨고, 하나님과 인간과의 관계를 성숙시켜 나가셨다. 우리도 예수님처럼 성장하고 성숙할 수 있다. 성장과 성숙에는 균형이 중요하다. 정신이 자라듯 키도 자라야 한다. 하나님과의 관계가 깊어지듯이 사람들과의 관계도 깊어져야 한다. 하나님께 순종하듯이 부모에게도 순종해야 한다. 이것이 예수님께서 우리에게 보여 주신 성장과 성숙의 모델이다. 나의 인생을 향하신 하나님의 뜻을 분명하게 깨닫고 그 뜻에 순종하자.

적용 및 결단을 위한 질문

❶ 여러분은 균형 잡힌 육신적 · 정신적 · 영적 성장과 성숙에 대해 어떤 목표가 있습니까?

❷ 예수님은 말씀에 대한 열정이 있으셨습니다. 그 모습에서 여러분이 느낀 점은 무엇입니까?

11 세례 요한

본문 누가복음 3:1-14

외울 말씀 그러므로 회개에 합당한 열매를 맺고 속으로 아브라함이 우리 조상이라 말하지 말라 내가 너희에게 이르노니 하나님이 능히 이 돌들로도 아브라함의 자손이 되게 하시리라 (8절)

도입을 위한 글

도대체 회개란 무엇을 말하는 것일까? 참회개와 거짓 회개의 가장 큰 차이점은 의지적 변화에 있다. 이것은 누가복음에 나오는 탕자의 비유에서 가장 잘 알 수 있다. 탕자는 자신의 잘못을 알았을 뿐만 아니라 아버지에게로 돌아가는 행동을 취했다. 회개는 메타노이아(Metanoia)로, 세상으로 향하던 사람이 하나님을 향해서 돌아간다는 뜻이다. 진정한 회개는 다음의 과정을 거친다. 첫째, 거룩하신 하나님 앞에 자신이 지금까지 지은 죄를 괴로워하고 슬퍼한다. 둘째, 그 죄를 토해 내는 역사가 일어난다. 셋째, 세상의 쾌락을 좇아 세상을 향해 가던 사람이 이제는 뒤돌아서서 주님께로 향하는 '주바라기 성도'로서 자신의 삶을 주님께 바치고 그분의 통치를 받으며 충성한다. -신성종

도입을 위한 질문

❶ 여러분은 '회개'가 무엇이라 생각합니까?

❷ 여러분은 주님께로 향하는 '주바라기 성도'입니까?

본문 질문

❶ 하나님의 말씀은 땅을 통치하던 자들(황제, 총독, 분봉 왕, 대제사장)에게 임하지 않았습니다. 하나님의 말씀은 어디에 있는 누구에게 임합니까(1-2절)?

❷ 요한은 요단 강에서 무엇을 받게 하는 세례를 전파합니까(3절)?

❸ 이사야 선지자는 장차 요한이 어떤 일을 하게 될 것이라고 예언했습니까(4-6절)?

*"하나님의 구원하심"(6절)이라는 은혜를 받으려면 완악한 마음을 회개해서 부드럽게 해야 한다.

❹ 요한은 세례를 받으러 나오는 무리를 무엇이라고 부릅니까(7절)?

*남은 것은 진노밖에 없는 군중의 소망 없는 상태를 강조한 것이다. 아브라함의 자손과 대조되는 표현이다.

❺ 다음 글을 읽고 진정한 회개에 대해 정리해 보십시오.

우리는 계명을 이해하고자 할 때, 하나님을 아는 지식에서 자라나게 된다. 그리고 우리가 고요한 묵상으로 들어갈 때, 그분이 우리의 영혼에 특별한 확신으로 속삭이시는 것을 듣게 된다. 그러나 그것은 우리가 마음을 열어 우리의 죄악됨을 인식하고, 우리의 죄를 하나하나 아뢰며 하나님께 진실하고 심지어 고통스럽게 회개할 때에만 가능하다. 진정한 회개는 우리를 하나님께로 회복하고 인생의 깊은 변화를 맞는 데 필요한 가장 핵심적이고 중요한 행동이다. 하나님께서 회개하는 사람의 부르짖음을 들으시면 이것은 행동으로 적용되고, 죄와 죄성을 깨달은 사람 위에 속죄의 능력이 임하게 된다. 하나님은 특정한 낱말의 나열이나 예복을 입은 성직자가 참석한 의식을 원하지 않으신다. 하나님께서 알고 계시는 단 한 가지는 구체적인 말로 표현된 우리 마음의 진정한 슬픔이다. 우리가 회개하며 하나님께로 돌아올 때 그분은 우리를 용서하시고 회복시키시며 새로운 일을 시작하신다.

–고든 맥도날드, 『친밀함을 향한 마음』

❻ 요한은 혈통만 믿고 자신들의 구원을 확신했던 군중에게 무엇을 하라고 외칩니까(8–9절)?

❼ 요한의 설교를 들은 무리, 세리들, 군인들은 어떤 질문을 던집니까(10–14절)?

❽ 요한은 무리, 세리들, 군인들에게 각각 무엇을 하라고 말합니까(10–14절)?

더 깊은 연구와 묵상을 위하여

❶ 이사야 40:3–5과 본문 4–6절을 비교해 보십시오.

❷ 한국 교회에 퍼져 있는 잘못된 구원의 확신에 대해 연구해 보십시오(예: 행함 없는 믿음).

적용을 위한 글

당시 이스라엘은 암흑기였다. 정치적으로는 로마 황제와 총독의 통치를 받았다. 그 아래에서 로마 정권에 아부하는 사람들이 분봉 왕에 올라 권력을 마구 휘둘렀다. 말라기 이후 400년간 지속된 하나님의 침묵과 예루살렘 종교지도자들의 타락은 극에 달해 있었다. 이런 소망 없는 시대에 하나님은 요한을 부르셔서 말씀하셨다. 오래전부터 준비하셨던 하나님의 일은 바로 메시아를 통한 하나님의 구원을 베푸시는 일이었다. 이에 요한은 사람들에게 하나님의 은혜인 구원을 받을 만한 그릇을 준비시켰다. 회개하는 마음, 빈 마음 그리고 부드러운 마음을 준비시켰다.

적용 및 결단을 위한 질문

❶ 여러분만의 "빈 들"(2절)로 나아가기 위해 노력하고 있는 것은 무엇입니까?

❷ 회개에 합당한 열매를 맺기 위해서 여러분이 지금 결단해야 할 것은 무엇입니까?

12 요한과 예수님

본문 누가복음 3:15-22

외울 말씀 요한이 모든 사람에게 대답하여 이르되 나는 물로 너희에게 세례를 베풀거니와 나보다 능력이 많으신 이가 오시나니 나는 그의 신발끈을 풀기도 감당하지 못하겠노라 그는 성령과 불로 너희에게 세례를 베푸실 것이요 (16절)

도입을 위한 글

음악적인 재능이 있다고 자신한 어느 소년이 모차르트를 찾아가서 "어떻게 하면 교향곡을 작곡할 수 있습니까?"라고 물었다. 모차르트는 이 소년에게 "아직 이른 것 같으니 교향곡보다는 민요부터 작곡해 보게"라고 말했다. "선생님도 10대에 교향곡을 작곡하지 않았습니까?" 소년이 항의조로 묻자 모차르트는 이렇게 대답했다. "나는 누구에게도 교향곡 작곡법을 묻지 않았다네." 자신에 대한 축소지향이나 과대망상은 인생의 독소다. 분수에 맞는 자긍심을 갖는 것은 매우 어려운 일이다. 그러므로 주님보다 앞서 나가지 말자. 남의 것을 부러워하는 것도 탐욕이다. 자신에게 주어진 이상의 것을 바라지 말고, 주신 바를 족한 줄 알며 겸손히 자신이 서야 할 자리에 서야 한다.

-김장환, 『큐티365』

도입을 위한 질문

❶ 여러분은 자신에 대해 과대망상적입니까, 아니면 축소지향적입니까? 그 이유는 무엇입니까?

❷ 여러분은 자신의 진정한 모습을 깨닫기 위해 어떤 노력을 하고 있습니까?

본문 질문

❶ 요한에게 세례를 받은 사람들은 마음속으로 어떤 생각을 했습니까(15절)?

❷ 요한은 자신이 메시야가 아님을 명백하게 밝힙니다. 요한은 메시야가 무엇과 무엇으로 세례를 주시는 분이라고 설명합니까(16절)?

❸ 요한은 오실 메시야를 종말론적인 심판자로 묘사했습니다. 장차 메시야가 하실 일은 무엇입니까(17절)?

*추수의 비유는 종말에 이뤄질 구원(성령 세례)과 심판(불 세례)을 상징한다.

❹ 요한은 백성에게 심판의 메시지 외에 무엇도 전합니까(18절)?

❺ 다음 글을 읽고 믿음의 분수대로 일하는 것에 대해 정리해 보십시오.

"우리에게 주신 은혜대로 받은 은사가 각각 다르니 혹 예언이면 믿음의 분수대로"(롬 12:6). 나귀 한 마리와 작은 삽살개 한 마리가 있었습니다. 주인은 그 강아지를 귀여워해서 외식하고 돌아올 때면 언제나 먹다 남은 음식을 가져다주곤 했습니다. 그러면 강아지는 신이 나서 꼬리를 흔들며 주인의 주위를 빙빙 맴돌곤 했습니다. 강아지의 이런 행동을 유심히 보던 나귀도 어느 날 주인이 돌아오자 주인의 주위를 맴돌기 시작했습니다. 그러다가 실수로 주인을 걷어차게 됐습니다. 주인은 화가 나서 나귀를 흠씬 두들겨 팬 후 마구간에 가둬 버렸습니다. 신앙도 이와 마찬가지입니다. 우리는 각자 믿음의 분수대로 살아야 합니다. —송태승

❻ 분봉 왕 헤롯은 어떤 악한 일들을 저지릅니까(19-20절)?

❼ 백성이 다 세례를 받을 때 예수님도 무엇을 받으십니까(21절)?

❽ 예수님께서 기도하실 때 하늘의 하나님과 성령님은 어떻게 반응하십니까(21-22절)?

더 깊은 연구와 묵상을 위하여

❶ 본문 21-22절에서 일어난 사건들의 의미를 이사야 11:2, 42:1, 61:1과 비교하면서 정리해 보십시오.

❷ 요한이 복음을 전하는 모습을 보며, 참된 전도란 무엇인지 생각해 보십시오.

적용을 위한 글

요한은 자신을 메시야로 착각하는 사람들에게 자신의 사명과 자리를 분명하게 밝혔다. 그리스도를 전하는 자가 가장 경계해야 할 적은 바로 자기 자신이다. 그리스도를 증거하면서 마치 자신이 그리스도인 것처럼 행세할 때가 있다. 복음을 전하는 자는 겸손해야 한다. 그리스도를 전해야지 자신을 전하면 안 된다. 우리는 세례를 받으신 예수님의 겸손에 주목해야 한다. 예수님의 세례는 새 시대를 알리는 신호탄이었다. 하늘이 열리고 성령님께서 임하셨다. 새로운 구원의 은총이 선포됐고 수많은 사람이 준비됐다. 하지만 그 가운데 분봉 왕 헤롯처럼 악을 더하는 미련한 사람도 많았다.

적용 및 결단을 위한 질문

❶ 여러분이 사역을 할 때 가장 중요하게 생각하는 것은 무엇입니까?

❷ 본문에 나타난 성삼위일체 하나님을 이웃에게 전하는 시간을 가져 보십시오.

13 예수님의 족보

본문 누가복음 3:23-38

외울 말씀 그 위는 에노스요 그 위는 셋이요 그 위는 아담이요 그 위는 하나님이시니라 (38절)

도입을 위한 글

"모든 것이 합력하여 선을 이루느니라"(롬 8:28). 모든 일에는 시작, 과정 그리고 끝이 있다. 인생에서 빚어지는 각종 일도 서로 관련돼 있다. 의사는 환자를 진찰해서 적절한 처방을 내리고 여러 약을 혼합해서 조제해 준다. 이 약들은 따로 사용했을 때 독이 되거나 해로울 수도 있다. 그렇지만 의사의 신중한 처방에 따라 조제된 약은 환자에게 좋은 효과가 있다. 바클레이(Barclay)는 위의 성경 말씀을 이렇게 설명한다. "우리는 하나님께서 당신의 사랑하시는 자들을 위해 모든 것을 선하게 혼합하심을 안다." 우리가 삶에서 겪은 일들을 하나씩 따로 떼어놓고 보면 전혀 선하게 보이지 않지만, 하나님께서 이것들을 조화롭게 섞으셔서 내어놓으시면 선하다는 것을 알게 된다. 지나온 인생을 돌이켜 볼 때 고난이라고 생각했던 것들이 궁극적으로 변장된 축복임을 깨닫지 못하는 사람이 있을까? 화가는 일반인이 볼 때 전혀 어울리지 않는 색을 이리저리 섞어 그림을 그린다. 그러나 그림이 완성됐을 때는 모든 이가 감탄하지 않는가?

—오스왈드 샌더스, 『평신도 사역자의 성장을 위한 20가지 영적원리』

도입을 위한 질문

❶ 여러분은 하나님의 구원의 섭리가 여전히 이 세상에 작용하고 있다고 생각합니까? 그 이유는 무엇입니까?

❷ 아담에서부터 예수님까지, 그리고 재림까지의 구원 역사를 크게 바라보며 하나님의 계획을 느낀 대로 이야기해 보십시오.

본문 질문

❶ 예수님은 때가 되자 무엇을 시작하십니까(23절)?

❷ 예수님께서 사역을 시작하신 것은 몇 세쯤입니까(23절)?

❸ 사람들은 예수님을 누구의 아들로만 알고 있었습니까(23절)?

❹ 요셉은 다윗의 아들 중 누구의 후손입니까(31절)?

*다윗은 헤브론에 올라온 후에 여러 처첩을 통해 아들과 딸들을 낳았다.

❺ 다음 글을 읽고 구원을 위한 하나님의 섭리에 대해 정리해 보십시오.

최근에 나는 어느 노르웨이 그리스도인의 이야기를 읽었다. 그는 어느 날 지구 최북단의 주요 항구인 노르드 곶에서도 서쪽으로 60㎞나 떨어진 작은 섬잉외위로 가야 한다는 느낌을 강하게 받았다고 한다. 이 사람은 그곳 학생들에게 신약 성경을 전달하라는 하나님의 명령을 들었다. 조사해 보니, 이 외딴섬의 학교에는 학생이 고작 3명이었고, 거기까지 가는 길은 매우 험난했다. 하지만 하나님의 계속되는 부르심에 그는 산맥을 넘고 몇 시간 동안을 운전해서 섬으로 들어가는 배에 몸을 실었다. 그는 아이들에게 조그마한 빨간색 신약 성경을 선물한 다음, 교사의 초대를 받아 차를 마시고 있었다. 그런데 갑자기 문 두드리는 소리가 났다. 한 학생이 눈물을 글썽이며 서 있었다. "와 주셔서 고맙다는 인사를 하러 왔어요" 하고 소년이 말했다. "지난 몇 주 동안 계속 예수님을 생각하고 있었어요. 그런데 오늘, 우리에게 성경을 주시기 위해 이렇게 먼 곳까지 와 주신 아저씨를 보면서 '예수님께서 저분을 여기에 보내셨군요' 하는 생각이 들었답니다." 그 사람은 기회를 놓치지 않고 복음을 전했고, 그 소년과 교사는 둘 다 그리스도를 구세주로 영접했다.

–데이비드 제러마이어, 『생명력 있는 그리스도인의 삶』

❻ 누가는 예수님께서 다윗의 자손임은 물론, 누구의 자손임을 밝힙니까(34절)?

❼ 인류 역사의 참된 시작은 누구로부터 시작됐습니까(38절)?

❽ 하나님의 첫 아들은 누구이며, 마지막 아들은 누구입니까(38, 23절)?

*인류 역사는 첫째 아담으로 말미암아 사망에 이르렀지만, 둘째 아담으로 회복됐다(고전 15:22).

더 깊은 연구와 묵상을 위하여

❶ 예수님은 3년 사역을 위해 30년을 준비하셨습니다. 사역을 위해 수년 동안 준비한 사람들을 성경에서 찾아보십시오.

❷ 예수님에서 아브라함까지 42명만 언급한 마태복음의 족보와는 달리, 누가가 인류의 조상인 아담과 창조주 하나님까지 78명을 등장시킨 이유는 무엇입니까?

적용을 위한 글

누가복음의 족보는 마태복음의 족보와 구조와 위치 그리고 강조점에서 매우 다르다. 누가의 족보도 마태처럼 예수님께서 다윗의 자손임을 강조했다. 하지만 거기에서 멈추지 않고, 족보의 근원을 하나님에게까지 추적해서 올라간다. 이는 평범한 유대인의 족보에서는 있을 수 없는 일이다. 즉, 예수님이 하나님의 아들이심을 증명하려고 한 것이다. 또한 하나님의 구원이 유대인들뿐만 아니라 이방인들에게도 미침을 나타내려고 했다. 하나님은 구원으로 모든 인류를 초대하신다. 하나님으로부터 예수님까지 이어지는 족보, 그 안에 수없이 일어난 하나님의 섭리를 보라. 구원을 위한 하나님의 일하심을 보라.

적용 및 결단을 위한 질문

❶ 여러분은 사역을 위해 얼마나 준비하며 어떤 노력을 기울이고 있습니까?

❷ “그 위는 하나님이시니라”(38절)는 말씀처럼 여러분의 인생이 하나님에게까지 연결돼 있음을 확신합니까?

14 사탄의 시험

본문 누가복음 4:1-13

외울 말씀 예수께서 대답하여 이르시되 주 너의 하나님을 시험하지 말라 하였느니라 (12절)

도입을 위한 글

예수를 믿는 어떤 사람이 남의 집에 하인으로 있었다. 하루는 주인이 하인을 조롱하며 이렇게 말했다. "나는 예수 믿지 않아도 아무 어려움 없이 잘만 사는데 너는 예수 믿으면서 왜 늘 어려운 시험을 당하느냐? 그럴 바에야 믿지 않는 게 더 낫겠다." 그러자 하인이 "주인님, 노하지 말고 들어 주십시오. 가령 사냥 중에 사슴 2마리가 있어서 활을 쐈는데 한 마리는 즉사하고 한 마리는 다리를 맞아 피를 흘리며 도망간다면 주인께서는 어느 쪽 사슴에게 달려가겠습니까?" 하고 물었다. 주인은 "그야 죽은 놈은 내 수중에 든 것이나 다름없으니 산 놈부터 쫓아가 잡아야지"라고 했다. 그러자 하인은 이렇게 말했다. "옳습니다. 이와 마찬가지로 시험이 없는 것은 영혼이 죽어 이미 마귀의 것이 됐기에 내버려 두는 것입니다. 그러나 하나님의 뜻대로 살려는 자는 마귀가 이를 방해해서 자기 수하에 넣으려고 온갖 노력을 다하니 시험을 당하는 것입니다."

—한재숙

도입을 위한 질문

❶ 여러분은 최근에 시험에 든 적이 있습니까?

❷ 하나님께서 여러분에게 왜 시험을 허락하신다고 생각합니까?

본문 질문

❶ 성령님은 예수님을 광야로 이끌어 마귀에게 무엇을 받게 하십니까(1–2절)?

❷ 마귀는 주리신 예수님께 하나님 아들의 권세를 이용해서 무엇을 해 보라고 유혹합니까(3절)?

❸ 예수님은 첫째 시험을 어떤 말씀으로 이겨 내십니까(4절)?

*신명기 8:3의 말씀을 인용하셨다.

❹ 마귀는 자신을 천하만국의 통치자처럼 포장하면서, 예수님께 무엇을 하면 권위와 영광을 주겠다고 유혹합니까(5–7절)?

❺ 다음 글을 읽고 시험의 필요성에 대해 정리해 보십시오.

> 자기 의지를 단련하기 위해 사람은 가끔 시험을 받을 필요가 있다. 스승은 제자를 시험함으로써 참된 수행을 가능하게 만들고, 점차 홀로 일어설 수 있도록 가르친다. 제자가 얼마나 진보했는지를 알아보기 위해서는 시험을 해 보는 것이 매우 중요하다. 이것은 또한 제자들이 자신의 진보를 평가하고, 의식하지 못했던 잘못을 깨닫는 데 도움을 준다. 우리는 모두 크고 작은 시험 속에 살아간다. 그리고 그 시험에는 반드시 뜻이 있다. 때로는 무서운 고통과 위기로 다가오기도 한다. 개인도, 가정도, 국가도 시험을 잘 넘기지 못하면 돌이킬 수 없는 화를 받지만, 시험을 잘 견딘다면 오히려 복이 돼서 찾아온다.
>
> –고도원, 『고도원의 아침편지』

❻ 예수님은 마귀에게 누구만을 경배하고 섬기라고 말씀하시며 유혹을 이겨 내십니까(8절)?

❼ 마귀는 예수님께 하나님의 신실하심을 시험해 보라고 유혹했습니다. 예수님은 그 유혹을 어떻게 이겨 내십니까(9-12절)?

❽ 마귀는 예수님께 패한 후 어떻게 합니까(13절)?

*얼마 동안: 누가복음 22장에 다시 등장할 때까지를 말한다.

더 깊은 연구와 묵상을 위하여

❶ 마귀의 시험에 넘어간 첫째 아담과 마귀의 시험에서 승리하신 둘째 아담 예수님의 결정적인 차이는 무엇입니까?

❷ 마귀의 시험에 가장 효과적으로 대처하는 방법은 무엇입니까?

적용을 위한 글

하나님의 아들이신 예수님은 온전히 성령님의 인도하심을 따르셨다. 성령의 충만함을 받으신 것이다. 성령 충만은 어떤 종교적인 경험이 아니다. 말씀으로 충만해서 말씀에 순종하는 것이다. 예수님께서 순종해서 가신 곳은 굶주림과 마귀의 시험이 있는 거친 광야였다. 우리 삶에도 시험의 때가 온다. 그때에 하나님의 말씀을 기억해야 한다. 환경이 어려워지고 우리의 귀에 마귀의 속삭임이 들릴 때, 우리는 더욱더 하나님의 말씀에 귀 기울이고 그 말씀 위에 굳게 서서 주님께만 반응해야 한다.

적용 및 결단을 위한 질문

❶ 여러분은 성령 충만한 사람에게도 마귀의 시험이 올 수 있다는 것을 인정합니까?

❷ 여러분은 주로 어떤 문제 때문에 시험에 빠집니까(예: 물질, 자존심, 의심 등)?

15 배척

본문 누가복음 4:14-30

외울 말씀 회당에 있는 자들이 이것을 듣고 다 크게 화가 나서 (28절)

도입을 위한 글

서부 개척 시대에 텍사스 주에서 있었던 일이다. 한 청년이 친구들과 어울려 술을 마시다 시비가 붙었다. 그 청년은 감정이 격해진 나머지 순간적으로 권총을 빼 들어 친구를 쏴 죽였고, 감옥에 끌려가게 됐다. 하지만 그는 본래 사람들의 칭찬을 받는 선량한 청년이었다. 곧 그를 아는 사람들이 그를 살리기 위해 탄원서를 제출했고 그것을 받은 주지사의 마음을 움직일 수 있었다. 주지사는 직접 사면장을 작성해 감옥으로 갔다. 그리고 간수를 통해서 '나는 당신이 가장 기뻐할 소식을 갖고 왔습니다. 그러니 빨리 나를 만나 주기를 바랍니다'라고 전했다. 그런데 웬일인지 그 청년은 '나는 그 누구도 만나기 싫다. 어서 빨리 죽여라' 하고 악을 쓰며 면회를 거부했다. 감옥에 갇혀 있는 동안 그의 성격이 난폭하고 포악하게 변해 버렸던 것이다. 결국 주지사는 청년을 만나지 못하고 돌아왔고, 그 청년은 결국 사형 선고를 받게 됐다. 안타까운 것은 그 청년이 주지사의 사면장에 대한 사실을 나중에야 알게 됐다는 것이다.

–한승진

도입을 위한 질문

❶ 여러분은 예수님을 하나님께서 보내 주신 사면장이라고 믿습니까? 이 사실은 여러분의 삶에 어떤 변화를 줬습니까?

❷ 예수님을 받아들이는 사람과 거부하는 사람의 삶은 마지막에 어떻게 달라집니까?

본문 질문

❶ 예수님은 갈릴리로 돌아가실 때도 무엇으로 충만하십니까(14절)?

❷ 사람들은 예수님의 가르침에 어떻게 반응합니까(15절)?

❸ 예수님은 나사렛에 도착하신 후 안식일에 회당에서 어떤 일을 하십니까(16절)?

❹ 예수님은 이사야의 예언이 누구를 통해 성취됐다고 설명하십니까(17–21절)?

*이사야 61:1–2의 말씀을 설명하셨다.

❺ 다음 글을 읽고 하나님을 아는 지식을 얻는 방법에 대해 정리해 보십시오.

토요일 오후, 선박회사 사장이 직원을 모아 놓고 "내일이 일요일인 것은 알지만, 선박이 이제 도착했으니 모두 선박에 실린 짐을 함께 내려 주면 좋겠소"라고 말했다. 그러자 한 청년이 "사장님, 저는 일하는 것을 싫어하지 않지만 내일은 주일입니다. 저는 하나님께 예배를 드려야 합니다"라고 대답했다. 사장은 직원의 말을 듣고 "그래, 어쩔 수 없군. 회사보다 교회가 중요하다니" 하며 청년을 해고했다. 얼마 후, 그 사장에게 절친한 친구로부터 연락이 왔다. "이보게, 내가 이번에 새로운 은행을 열게 됐는데 믿을 만한 사람 하나 추천해 주게." 그러자 그 사장은 뜻밖에도 자기가 해고했던 청년을 추천하면서 "그 청년은 환경이나 여건에 따라 믿음과 신념을 바꾸는 사람이 아닐세. 그 사람이라면 자네가 믿고 은행을 맡길 수 있을 거네"라고 말했다. 우리 사회는 진실하고 정직한 사람을 찾고 있다. 그리스도인이 세상을 바르게 사는 기준이 성경이라면, 이 시대의 불신자가 읽을 수 있는 유일한 성경은 '그리스도인의 얼굴(삶)'이다. 나의 얼굴이 예수님의 희망 전도지가 되고, 나의 삶이 희망의 초청장이 돼야 한다. –김철규

❻ 나사렛 사람들은 예수님의 설교에 놀랐지만 여전히 예수님을 누구로 여깁니까(22절)?

❼ 예수님은 나사렛 사람들의 그릇된 태도를 지적하십니다(23–27절). 그러자 나사렛 사람들의 감정 상태가 어떻게 변합니까(28절)?

*속담(23절)과 구약(24–27절)의 사례를 통해 예수님을 환영하지 않는 태도를 빗대어 표현하셨다.

❽ 나사렛 사람들은 심지어 예수님을 어떻게 하려고 합니까(29–30절)?

*지나서 가시니라(30절): 고향에서의 배척에도 불구하고 예수님은 당신의 길을 가셨다는 것을 뜻한다.

더 깊은 연구와 묵상을 위하여

❶ 예수님의 일생은 성령 충만한 삶이었습니다. 예수님께서 언제 성령 충만하셨는지 정리해 보십시오(마 1:20; 눅 3:22, 4:14, 18, 10:21; 행 1:2).

❷ 사렙다의 한 과부와 수리아 사람 나아만의 공통점은 무엇인지 연구해 보십시오(25–27절).

적용을 위한 글

예수님의 일생은 성령으로 시작해서 성령으로 마무리됐다. 성령으로 잉태되시고 성령으로 성장하셨다. 성령으로 사역하셨고 성령으로 부활하셨다. 또한 성령으로 승천하셨고 지금도 성령으로 일하고 계신다. 따라서 성령의 사람들만이 예수님의 말씀과 능력과 사역에 적용될 수 있다. 나사렛 사람들처럼 예수님의 겉모습만 본다면 예수님을 통해 공급되는 하나님의 은혜를 체험할 수 없다. 혈통적으로 첫 이스라엘은 하나님을 거부하고 배척했다. 하지만 이방인이었던 사렙다의 과부와 수리아 사람 나아만은 새 이스라엘 속에 들어왔다. 그들은 믿음으로 은혜를 수용했기 때문이다.

적용 및 결단을 위한 질문

❶ 여러분은 예수님을 통해 공급하시는 하나님의 은혜에 대해 어떻게 반응하고 있습니까?

❷ 여러분은 예수님께서 주시는 희년의 자유와 기쁨을 누리며 살고 있습니까? 이에 대한 감사의 고백을 드리는 시간을 가져 보십시오.

16 하나님 아들의 능력

본문 누가복음 4:31-44

외울 말씀 그들이 그 가르치심에 놀라니 이는 그 말씀이 권위가 있음이러라 (32절)

도입을 위한 글

레이먼드 릴리(Raymond Lilly)라는 흑인 청년이 있었다. 그는 성격이 매우 포악했으며, 목사는 사람들을 속이고 잘난 체하는 쓸모없는 사람이라고 생각했다. 그러던 어느 날 그는 동네에 있는 교회의 모든 목사를 죽이겠다며 벽돌을 한 장 들고 근처 예배당으로 들어갔다. 그러나 그는 목사가 혼자 남을 때를 기다리기 위해 예배가 끝날 때까지 앉아 있어야 했고, 어쩔 수 없이 목사의 설교를 들을 수밖에 없었다. 그런데 그에게 놀라운 일이 일어났다. 성령님께서 그의 마음을 어루만져 주셔서 그가 회심하고 예수님을 영접하는 기적이 일어난 것이다. 몇 년 뒤에 그는 '선한 사마리아인'이라는 별명을 가진 훌륭한 목사가 됐고 시카고에 카운티 병원을 세워서 돈이 없어 치료를 받지 못하는 수많은 사람을 치료해 주며 그들에게 복음을 전하는 일을 하게 됐다. 그는 힘들거나 예전 생각이 다시 날 때면 자신이 예배당에 들고 갔던 벽돌을 바라보며, 자신을 변화시켜 주신 하나님의 은혜를 떠올렸다. 이후 그 벽돌은 릴리 목사가 죽고 난 뒤 장례식장에 진열됐는데, 그 사연을 들은 사람들은 모두 말할 수 없는 감동을 받았다. -김장환, 『큐티365』

도입을 위한 질문

❶ 여러분 주위에 하나님의 말씀으로 완전히 변화된 사람이 있다면, 그 사람에 대해 소개해 보십시오.

❷ 여러분은 성경에서 일어난 기적 같은 일들이 지금도 일어날 수 있다고 믿습니까? 그 이유는 무엇입니까?

본문 질문

❶ 가버나움 사람들이 예수님의 가르침에 놀란 이유는 무엇입니까(31-32절)?

*내려오사(31절): 나사렛은 언덕이었고 가버나움은 호숫가로 해발보다 낮았으므로 이렇게 표현했다.

❷ 귀신들은 예수님을 누구라고 칭했습니까(33-34절)?

❸ 귀신 들린 사람 속에 있는 귀신들을 향해 예수님은 무엇을 명령하십니까(35절)?

❹ 예수님의 말씀에 귀신들과 사람들은 어떻게 반응합니까(36-37절)?

❺ 다음 글을 읽고 그리스도인이 자랑해야 할 것은 무엇인지 정리해 보십시오.

어떤 할아버지가 암 진단을 받았다. 이 할아버지는 암 진단을 받은 날부터 갑자기 매우 난폭해졌다. 식구들이나 주변 사람들에게 욕을 퍼부으며 아무도 만나려 하지 않았다. 그때 동네에서 이 할아버지를 가끔 만나던 한 꼬마가 할아버지가 아프시다는 소식을 듣고 병원으로 찾아왔다. 식구들은 호기심 반 기대 반으로 "한번 들어가서 할아버지를 만나 보렴" 하며 그 꼬마를 들여보냈다. 그리고 이삼십 분 뒤, 소년을 만난 할아버지가 달라졌다. 갑자기 태도가 부드러워졌고 사람들을 만나고 이야기도 나누는 것이었다. 의아한 사람들은 꼬마에게 물었다. "너 할아버지와 무슨 이야기를 했니?" 그러자 소년은 "아무 이야기도 안 했어요"라고 대답했다. "그러면 도대체 할아버지랑 그동안 뭘 했니?" 그랬더니 소년이 대답했다. "저요? 할아버지하고 같이 울었어요." 그 꼬마가 할아버지의 아픔을 자신의 아픔으로 느끼며 함께 우는 순간, 더불어 껴안고 울던 그 눈물을 통해 할아버지의 아픔이 치유됐던 것이다. 이처럼 우리가 상대방의 아픔을 함께 느낄 때 치유의 능력이 솟아난다. 십자가를 지신 예수님은 우리의 고통, 우리의 오해받음, 우리의 배신, 우리의 눈물, 우리 죄악의 치욕과 부끄러움을 이해하신다. 그렇게 내 죄를 담당하시고 보배로운 피를 쏟아 내셨기 때문에, 우리 주님은 십자가 앞에 나아오는 사람을 구원하실 수 있다. 십자가는 구원이다. 십자가는 능력이다. 십자가는 위로다. 십자가는 소망이다. —이동원, 『쉽게 풀어 쓴 이동원 목사의 마가복음 이야기(상)』

❻ 시몬의 집에 들어가신 예수님은 열병을 앓고 있는 시몬의 장모에게 어떤 행동을 하십니까(38-39절)?

❼ 귀신들이 병자들에게서 나가면서 예수님은 어떤 분이라고 소리 지릅니까(40-41절)?

❽ 예수님은 사역 전후에 어떤 시간을 가지셨습니까(42-44절)?

더 깊은 연구와 묵상을 위하여

❶ 당시 회당에는 율법을 가르치는 서기관이 있었습니다. 예수님의 가르침과 서기관의 가르침이 달랐던 이유는 무엇입니까(마 7:28-29)?

❷ 마귀의 세력을 무력화하셔서 우리에게 깊은 평안과 안식을 주시는 예수님에 대해 묵상해 보십시오.

적용을 위한 글

예수님은 인간의 몸을 입으신 하나님이시다. 그래서 그분의 말씀 앞에서 귀신들이 떠나가고 병이 떠나갔다. 예수님의 말씀에는 권위와 능력이 있기 때문이다. 우리는 그 예수님의 말씀 앞에 늘 엎드려야 한다. 그리고 말씀을 세상의 그 어떤 가르침보다 소중하게 여겨야 한다. 그것만이 우리가 살 길이다. 예수님은 우리에게 소중한 모범을 보여 주셨다. 예수님은 사역으로 지칠 때마다 한적한 곳에서 하나님과 교제를 나누셨다. 그렇게 하나님의 능력으로 재충전하신 후에 다시 사역의 현장으로 나가신 것이다. 예수님의 능력도 하나님과 성령님으로부터 온 것인데, 하물며 우리는 어떻겠는가.

적용 및 결단을 위한 질문

❶ 여러분은 권위와 능력 있는 예수님의 가르침 앞에 늘 어떤 자세를 보이고 있습니까?

❷ 여러분은 한적한 곳에서 하나님을 만나는 시간을 갖고 있습니까? 없다면, 지금 구체적으로 장소와 시간을 정해 보십시오.

17 예수님을 따른 어부들

본문 누가복음 5:1–11

외울 말씀 세베대의 아들로서 시몬의 동업자인 야고보와 요한도 놀랐음이라 예수께서 시몬에게 이르시되 무서워하지 말라 이제 후로는 네가 사람을 취하리라 하시니 (10절)

도입을 위한 글

선교사 헨리 마틴(Henry Martyn)은 인도에서 오랜 사역을 마치고 지금의 이란인 페르시아로 가겠다고 발표했다. 그는 이미 노쇠했지만, 사람들의 만류에도 아랑곳 않고 페르시아로 향했다. 거기서 그는 페르시아어를 배운 다음 9개월 만에 신약 성경 전체와 시편을 번역했다. 그러나 왕의 재가를 받기 전에는 성경을 배포할 수 없었다. 그는 왕을 만나고자 테헤란까지 960㎞를 여행했지만 왕을 만날 수 없었다. 그래서 영국 대사를 찾기 위해 다시 640㎞를 여행했다. 그가 대사에게 소개장을 받아 테헤란으로 온 것이 1812년이었다. 마틴은 이 긴 여정 끝에 마침내 왕의 승인을 받았다. 그리고 열흘 뒤에 그는 숨을 거둔다. 그는 일기에 이런 말을 남겼다. “과수원에 앉아 감미로운 위로와 평안을 누리며 나의 하나님에 대해 생각했다. 고독 속에서 나의 벗, 나의 친구, 나의 위로자이신 그분을 생각했다.” 그는 분명 편한 삶을 살지는 못했지만 가치 있는 삶을 살았다. 그는 목표 의식에 완전히 사로잡혀서 자신의 목숨을 돌보지 않았지만, 이것이 곧 참된 제자의 특징이다.

—존 맥아더, 『값비싼 기독교』

도입을 위한 질문

❶ 여러분은 예수님의 제자가 될 자격이 있다고 생각합니까, 아니면 없다고 생각합니까? 그 이유는 무엇입니까?

❷ 여러분은 세상에서 가장 가치 있는 일이 무엇이라고 생각합니까? 그 이유는 무엇입니까?

본문 질문

❶ 예수님은 이른 아침부터 무리에게 말씀을 부지런히 가르치셨습니다. 예수님께서 몰려온 무리에게 말씀을 효과적으로 가르치시기 위해 어떤 방법을 사용하셨습니까(1–3절)?

❷ 예수님은 누구의 배에 오르셔서 무리를 가르치십니까(3절)?

❸ 예수님은 시몬에게 어떤 명령을 내리십니까(4절)?

*낮에 그물을 내리는 것은 어부의 전문 상식에 어긋났다. 당시 그물은 아마포로 만들어져 낮에는 물고기들의 눈에 잘 띄었다.

❹ 베드로는 불합리해 보이는 명령에도 무엇에 의지해서 어떻게 반응합니까(5절)?

❺ 다음 글을 읽고 제자의 자격에 대해 정리해 보십시오.

최근 동남아 어느 나라의 장관을 만나서 회담을 나눴다. 그런데 오후 5시가 되자 갑자기 회담을 마무리하려고 했다. 한국 드라마를 볼 시간이 됐다는 것이 그 이유였다. 한류 열풍은 일본에도 불고 있었다. 일본에는 배용준, 최지우를 비롯한 한류 스타들의 열성 팬이 많다. 그런데 팬클럽에 가입하려면 적어도 그 배우들이 출연한 드라마를 50번 이상 시청해야 할 뿐 아니라 시험까지 통과해야 한다고 한다. 시험은 드라마를 갑자기 멈춘 후 다음 사람의 대사를 맞추거나, 피아노 위의 소품이 무엇인지 말하는 식이다. 이런 엄격한 절차를 거쳐야만 좋아하는 배우의 팬클럽에 가입할 수 있다고 한다. 그렇다면 우리는 예수님을 따라가는 제자로서 성경 말씀을 얼마나 암송하고 있는가? 제자의 자격을 갖춰 그 반열에 설 수 있겠는가? –한태수

❻ 예수님의 명령에 순종한 결과는 무엇입니까(6–7절)?

❼ 시몬은 예수님의 무릎 아래에 엎드려 자신이 죄인임을 고백했습니다. 시몬은 예수님을 선생님이라고 부르지 않고 누구라고 합니까(8절)?

❽ 예수님께서 어부들에게 "이제 후로는 네가 사람을 취하리라"(10절) 하시자 어부들은 어떻게 반응합니까(9–11절)?

더 깊은 연구와 묵상을 위하여

❶ 예수님은 탁월한 교사이십니다. 예수님의 독특한 교수법을 연구해 보십시오.

❷ 하나님의 불합리한 명령에도 순종한 다른 예를 성경에서 찾아보십시오(예: 아브라함, 나아만 장군 등).

적용을 위한 글

시몬의 순종과 예수님의 기적은 최초의 제자 공동체가 만들어지는 과정이다. 제자는 예수님을 주님으로 고백하고 자신이 죄인이라고 고백하는 사람이다. 또한 예수님을 따르기 위해 자신의 모든 것을 버리는 사람이다. 이전에는 자신을 위해 그물을 던졌다면, 이제는 인생의 목적이 하나님으로 바뀐 사람이다. 사람의 생명을 살리는 일에 모든 것을 바치는 사람이다. 바로 이런 자가 진정한 제자다. 하지만 우리 주변에는 가짜 제자가 많다. 입술로는 예수님을 주님이라 고백하지만, 정작 주님을 위해 포기하거나 버리는 것은 하나도 없다. 이들은 다른 사람의 생명에도 관심이 없다.

적용 및 결단을 위한 질문

❶ 여러분은 예수님을 좋은 선생이 아닌 구원의 주로 영접하고 섬기기 위해 어떤 노력을 하고 있습니까?

❷ 여러분은 주님을 따르기 위해 무엇을 포기하고 있습니까?

18 병 고침과 죄 사함의 권세

본문 누가복음 5:12-26

외울 말씀 그러나 인자가 땅에서 죄를 사하는 권세가 있는 줄을 너희로 알게 하리라 하시고 중풍병자에게 말씀하시되 내가 네게 이르노니 일어나 네 침상을 가지고 집으로 가라 하시매 (24절)

도입을 위한 글

병원 원목으로 계신 목사님의 요청으로 매주 금요일에 병원을 돌면서 환자들을 위로하고 기도한 지 두 달이 됐다. 지난주에는 100명 이상의 환자들을 만나서 기도해 주는데 기도 내용이 같다는 것을 느꼈다. 앵무새처럼 반복되는 이 기도로 한순간에 의심과 회의감이 들기 시작했다. 그때 주님의 음성이 들려왔다. "좋아! 너는 기도만 해라. 고치는 것은 네가 하는 것이 아니라 내가 하는 것이란다." 그러고 나서 환자들을 위해 기도해 주는데, 확신이 들어가게 됐다. 놀라운 것은 교통사고로 권사님 한 분이 병원에 입원하셨는데 그날 기도를 받고 움직이지 못하던 허리가 고쳐졌다는 간증을 들었다. 하나님의 음성은 정확했다. 기도는 내가 하지만 일은 하나님께서 하신다는 것을 깊이 체험하게 됐다.

-조신형

도입을 위한 질문

❶ 여러분이 직접 체험하거나 목격한 예수님의 치유 능력이 있습니까? 그 은혜에 대해 서로 간증하는 시간을 가져 보십시오.

❷ 치유 능력을 보여 주시는 예수님께서 죄를 사하는 권한도 갖고 계시다는 사실을 믿고 있는지 살펴보십시오.

본문 질문

❶ 예수님은 나병환자의 몸에 직접 무엇을 대시며 고쳐 주십니까(12–13절)?

❷ 예수님은 고침 받은 나병환자를 누구에게로 보내십니까(14절)?

❸ 예수님의 치유 능력이 입증되자 수많은 무리가 몰려왔습니다. 그때 예수님은 한적한 곳에 가셔서 무엇을 하십니까(15–16절)?

❹ 예수님께서 가르치실 때 주의 어떤 능력이 예수님과 함께했습니까(17절)?

❺ 다음 글을 읽고 죄 사함의 권세를 받는 방법에 대해 정리해 보십시오.

성경 묵상을 통해 새 생각을 심으면, 우리의 생각이나 세계관을 부정적으로 만드는 사탄의 옛 생각들이 처리될 것이다. 우리가 묵상할 때마다 성령이 말씀의 씨를 심으신다. 그러므로 묵상할 때 이 큰일을 우리 안에 이루기 원하시는 성령을 맞아들여야 한다. 본문 말씀에 주의를 집중하고 성령이 우리 안에 말씀을 심으시도록 마음을 열어야 한다. 그러면 말씀이 우리 안에 살아 움직이며 우리를 오염시키고 하나님 나라를 확장하는 데 쓰임 받지 못하게 하는 죄의 찌꺼기를 도말한다. 묵상은 성령이 우리를 그리스도의 형상으로 다시 빚으시도록 문을 여는 것이다. 영적 전쟁의 깊은 진리가 무엇인지 아는가? 그리스도의 형상으로 새로 빚어진 그 자신이 바로 적을 무너뜨리는 하나님의 가장 큰 도구라는 사실이다! 예수 그리스도는 승리자시다. 우리 안에 계신 그리스도는 갈보리에서 적을 굴복시키셨으며, 땅이나 지옥의 모든 권세보다 크신 분이다. 하나님의 말씀을 날마다 묵상하라. 그러면 우울한 상태에서 벗어나 주의 기쁨을 입게 될 것이다. 당신이 구원의 우물에서 물을 길을 때 그리스도는 그분 자신이 당신 안에 살아 계심을 보이신다. 묵상하면 불신앙 대신 믿음이 솟아나며, 죄를 사랑하는 마음이 하나님을 사랑하는 마음으로 바뀐다. 또한 사람을 변화시키는 하나님의 사랑에 의해 모든 두려움이 사라진다.

—오대원, 『묵상하는 그리스도인』

❻ 서기관과 바리새인들은 중풍병자를 향해 죄 사함을 선언하신 예수님에 대해 어떤 생각을 품었습니까(18-21절)?

❼ 예수님은 중풍병자를 치유하심으로 무슨 권세가 있음을 입증하십니까(22-24절)?

❽ 중풍병자는 신체적 · 사회적 · 영적 문제가 모두 해결됐습니다. 이를 지켜본 모든 이가 어떤 반응을 보입니까(25-26절)?

더 깊은 연구와 묵상을 위하여

❶ 레위기 13장에는 나병환자와의 접촉을 금하는 법이 나옵니다. 예수님은 왜 구약의 법을 어기면서까지 나병환자에게 손을 얹으셨습니까?

❷ 당시 중풍병자는 신체적 · 사회적 장벽 때문에 예수님을 만날 수 없었습니다. 오늘날 우리가 예수님께로 나아가는 데 방해가 되는 장벽은 무엇입니까?

적용을 위한 글

예수님은 하나님의 아들이시기에 병을 고치고 죄를 사하는 권세가 있으신 것은 당연했다. 하지만 당시 제사장, 바리새인, 서기관들은 자신들의 역할을 제대로 하지도 못하면서 예수님을 정죄했다. 백성들의 영육의 필요를 채워 줘야 할 제사장은 무능해서 어떤 것도 해결해 주지 못했으며, 병자들을 부정하다는 이유로 격리시키기만 했다. 서기관들은 백성들을 율법의 잣대로 정죄했다. 하지만 예수님은 다르셨다. 병자들을 긍휼히 여기셨고 직접 만져 주셨다. 또한 믿음으로 나아온 자들의 죄를 사해 주셨다. 이는 오직 하나님의 아들이신 예수님만 하실 수 있는 일이다. 그러므로 우리는 날마다 예수님 앞으로 나아가야 한다.

적용 및 결단을 위한 질문

❶ 여러분의 부정함을 만져 깨끗하게 하시는 하나님의 손길을 기억하며, 감사기도를 하십시오.

❷ 지붕을 뚫고 중풍병자를 침상째 달아 내렸던 사람들의 열정에 대해서 어떻게 생각합니까? 이들처럼 여러분은 사람들을 예수님께로 인도하기 위해 무엇을 하고 있습니까?

19 예수님을 좇은 세리 레위

본문 누가복음 5:27-39

외울 말씀 그가 모든 것을 버리고 일어나 따르니라 (28절)

도입을 위한 글

자유주의 신학의 영향으로 십자가 사건을 믿지 못하고 목사가 된 윌리엄 쿠퍼(William Cowper)는 어느 고난주간을 앞둔 토요일에 자신의 교회 주보를 들여다보다가 구원받았다고 한다. 주일 설교 제목을 '누가 예수를 죽였는가?'로 정했는데, 마침 그 아래에 '윌리엄 쿠퍼 목사'라고 쓰여 있었다. 그 주보를 한참 바라보다가 갑자기 자신의 죄 때문에 예수님께서 돌아가셨다는 것이 깨달아져서, 엎드려 주님을 자신의 구주로 고백하게 됐다고 한다. 중요한 것은 포기하지 않는 것이다. 예수님에 대해 묻고 이야기하라. 믿음의 사람들과 대화를 계속 하라. 그 대화 속에 어느 날 성령님께서 임하실 것이다. 말씀이 당신을 붙잡는 날이 올 것이다. 믿음의 대화는 매우 중요하다. 살아계신 주님께서 대화 속에 찾아오시기 때문이다. 말씀은 주께서 당신의 임재를 나타내시는 도구이기 때문이다. 부활의 주님을 만나고 싶은가? 그렇다면 믿음의 대화를 시작하라. 성경을 열고 질문을 시작하라. 구하고 찾고 문을 두드리라. 부활의 주님께서 찾아오실 것이다.

–이동원, 『예수님의 거룩한 습관』

도입을 위한 질문

❶ 여러분은 일주일 중 예수님에 대한 이야기를 몇 번이나 합니까? 주로 그 대화 상대는 누구이며, 주제는 무엇입니까?

❷ 여러분은 구원에 대해 언제 알게 됐습니까? 그때 마음속 깊이 느꼈던 감격이 지금까지도 이어지고 있는지 고백해 보십시오.

본문 질문

❶ 예수님은 레위에게 무엇이라고 말씀하셨으며, 레위는 어떻게 반응합니까(27-28절)?

*레위(27절): 가버나움 지방에 살던 세리 마태의 다른 이름이며, 그는 알패오의 아들이었다.

❷ 제자가 된 레위는 예수님을 위해 무엇을 열었습니까(29절)?

❸ 바리새인과 서기관들은 예수님께서 세리와 식사하신 것에 대해 어떻게 생각합니까(30절)?

❹ 예수님께서 세상에 오신 목적은 무엇입니까(31–32절)?

❺ 다음 글을 읽고 구원을 나누는 삶에 대해 정리해 보십시오.

한국인은 이사를 오거나 개업을 하면 시루떡을 돌린다. 시루떡은 아날로그식 정보 전달 매체다. 이 골목 저 골목, 이 집 저 집을 다니며 알린다. 떡을 받아든 이웃이 '이게 웬 떡인가?' 하고 관심을 나타내면 누구네 이사 떡이며 개업 떡인지에 대한 대답과 설명이 뒤따른다. 이 떡은 이웃에게 자신을 알리는 전달력과 호소력을 몇 배나 증강시킨다. 교회 안에서도 비슷한 것이 있다. 그것은 바로 성찬식이다. 성찬식은 떡과 포도주를 나눔으로써 예수 그리스도의 몸과 피를 상징적으로 나누는 예식이다. 이는 그리스도의 살과 피를 나눔으로써 온 성도가 예수 그리스도 안에서 한 몸인 공동체의 일원임을 알게 한다. 이런 공동체 안에서 초대 교회는 자기 것을 주장하지 않고 서로 나누는 삶으로 하나님 나라를 건설해 나갔다. 우리는 예수 그리스도의 복음을 함께 나누며 구원의 기쁜 소식을 전하는 삶의 문화를 이뤄 나가야 한다. –장학일

❻ 바리새인과 서기관들은 예수님께 금식에 관해 어떤 적대적인 질문을 합니까(33절)?

*원래 금식은 죄인들의 회개 표시였다. 바리새인과 서기관들은 죄인들을 먹고 마시게 한 것을 비난했다.

❼ 예수님은 죄인 취급받는 세리들과의 식탁을 무엇이라고 하십니까(34–35절)?

❽ 예수님은 당신을 통해 열린 은혜의 새 시대를 무엇에 비유하십니까(36–39절)?

더 깊은 연구와 묵상을 위하여

❶ 본문에서 앞 단락(눅 5:17–26)과 연관 있거나 공통되는 주제를 찾아보십시오.

❷ 35절에서 말하는 "그 날"은 어느 시점을 말합니까?

적용을 위한 글

예수님은 죄인 취급받는 사람들과 함께하셨다. 왜냐하면 죄인을 구하기 위해 이 땅에 오셨기 때문이다. 당시 종교지도자들은 백성들을 위해 아무것도 해 주지 못했다. 제사장은 병자들을 고쳐 주는 대신 격리시키기만 했다. 율법 교사들도 죄 사함의 길로 이끄는 대신 정죄하기만 했다. 바리새인과 서기관들은 금식이라는 율법 행위만 강조한 채 참된 영적 치유의 길로 안내해 주지 않았다. 하지만 예수님은 다르셨다. 나병과 중풍 같은 육체의 질병은 물론, 죄를 사해 주심으로 영혼의 치료까지 해 주셨다. 예수님은 새 시대를 여신 새 옷, 새 포도주, 새 부대였다.

적용 및 결단을 위한 질문

❶ 여러분이 예수님을 따르는 데 아직까지 버리지 못한 것은 무엇입니까? 그것을 버리지 못하고 있는 이유는 무엇입니까?

❷ 여러분은 예수님을 통해서 죄 사함의 은총을 누리고 있습니까? 그렇다면, 이제부터 여러분이 무엇을 해야 하는지 결단하는 시간을 가져 보십시오.

20 안식일의 진정한 주인

| 본문 누가복음 6:1-11

| 외울 말씀 또 이르시되 인자는 안식일의 주인이니라 하시더라 (5절)

도입을 위한 글

우리는 숫자 '4'를 싫어한다. 아마 발음이 '죽을 사'(死)와 같기 때문일 것이다. 반면에 서양인들은 숫자 '13'을 싫어한다. 그 이유는 최후의 만찬에 13명이 참석했고, 배신자 가룟 유다의 이름이 모두 13개의 알파벳으로 이뤄졌기 때문이라고 한다. 이들은 또한 십자가 사건이 있었던 금요일을 싫어한다. 그래서 13일과 금요일이 겹치는 날이 되면 매우 예민해진다. 예수님께 그날은 가장 고통스럽고 저주스러운 날이었다. 그날 예수님은 저주의 십자가에 달리셨다. 입에서는 "목마르다" "어찌하여 나를 버리시나이까"라는 탄식이 터져 나왔다. 하지만 이 절규가 끝이 아니었다. 그 극한 상황에서의 마지막 외침은 "다 이루었다"(요 19:30)였다. 이 외침은 하나님께서 이 절망적인 상황을 장차 놀라움과 환희로 바꾸실 것이라는 믿음의 표현이요, 승리의 선포였다. '금요일'이 끝이 아니라 '주일'이 온다는 선포인 것이다. 예수님은 죽으셨다. 하지만 예수님께서 선포하신 대로 하나님은 예수님을 일으키셨고, 환희의 '주일'을 맞게 하셨다. 여러분은 지금 금요일인가? 그렇다면 '다 이루었다'라고 선포하라. 그런 자에게는 반드시 주일이 온다. —옥성석

도입을 위한 질문

❶ 기독교에서는 왜 안식일 대신 주일을 지킵니까?

❷ 다른 사람에게 자신의 약점을 이야기한다는 것에 대해 어떻게 생각합니까?

본문 질문

❶ 바리새인들은 예수님의 제자들이 어떤 규정을 어겼다고 비난합니까(1-2절)?

❷ 예수님은 율법 규정보다 율법의 정신이 더 중요하다는 것을 깨우쳐 주시기 위해서 누구를 예로 들어 설명하십니까(3-4절)?

❸ 예수님은 당신을 누구라고 소개하십니까(5절)?

❹ 예수님은 또 다른 안식일에 어떤 사람을 고쳐 주심으로 생명을 구하고 회복 시키는 선한 일을 하십니까(6, 8, 10절)?

❺ 다음 글을 읽고 주일의 안식에 대해서 정리해 보십시오.

> 주일은 영성생활의 핵심인 시간이다. 그것은 시간을 초월하여 영원의 순간을 대하고 누리는 안식의 시간이다. 참된 안식 속에서 통찰의 눈을 갖게 되고, 소유와 물질 너머의 세계를 발견하게 된다. 아브라함 요수아 헤셸(Abraham Joshua Heschel)은 안식에 관한 그의 묵상집에서 이런 고백을 한다. "우리가 영성생활을 하는 이유는 풍부한 지식을 축적하기 위해서가 아니라 거룩한 순간들을 마주하기 위해서다. 사람을 감복시키는 것은 사물이 아니라 영적인 현존이다. 영혼 속에 갈무리되는 것은 통찰의 순간이지 행위가 일어난 장소가 아니다. 통찰의 순간은 행운이다. 그것은 우리를 측정된 시간의 한계 너머로 데려간다. 시간 속에서 영원한 것의 위대함을 감지하지 못하면, 영적인 삶은 쇠퇴하기 시작한다."
>
> –이주연

❻ 서기관과 바리새인들은 놀라운 치유의 현장에서도 기쁨을 누리지 못한 채 무엇을 엿보고 있습니까(7절)?

❼ 예수님은 무리 앞에서 서기관과 바리새인들에게 공개적으로 도전하셨습니다. 예수님은 그들에게 어떤 질문을 하십니까(9절)?

❽ 서기관과 바리새인들은 아무런 대답도 할 수 없었습니다. 그들은 마음에 무엇이 가득해서 무엇을 의논합니까(11절)?

더 깊은 연구와 묵상을 위하여

❶ 주일은 일을 하지 않는 휴일입니까, 아니면 하나님의 안식에 기쁨으로 동참하여 일하는 날입니까? 그리스도인에게 '주일'이란 어떤 의미인지 연구해 보십시오.

❷ 안식일이 사람을 위해 있다는 예수님의 말씀이 무엇을 뜻하는지 살펴보십시오(막 2:27).

적용을 위한 글

예수님은 안식일의 주인이시다. 예수님은 인간의 모든 제도와 전통을 초월하시는 분이며, 안식일을 제정하신 분이다. 따라서 안식일에 무엇을 할 수 있는지 없는지를 결정하실 수 있는 분이다. 제자들이 안식일에 벼 이삭을 비벼 먹은 일은 예수님 안에서 진정한 안식과 자유를 누린 행동이었다. 다윗 시대에도 율법의 규정보다는 율법의 정신이 더 중요했다. 안식일은 사람을 위해 하나님께서 정해 주신 날이다. 신약 시대에 지키는 주일의 정신 역시 안식, 치유, 회복이 돼야 한다. 또한 우리는 이 본질을 위해서 여러 일을 해야만 한다.

적용 및 결단을 위한 질문

❶ 여러분은 하나님의 치유와 회복을 경험하고 있습니까? 그럴 수 있는 이유는 무엇이라고 생각합니까?

❷ 여러분은 성경을 정죄와 비방의 도구로 사용합니까, 아니면 사랑의 실천 원리로 사용합니까? 여러분의 말로 '성경'의 정의를 내려 보십시오.

21 택함 받은 열두 사도

본문 누가복음 6:12-19

외울 말씀 밝으매 그 제자들을 부르사 그 중에서 열둘을 택하여 사도라 칭하셨으니 (13절)

도입을 위한 글

만약 한 회사가 유능한 신입사원을 뽑기 위해 예수님의 열두 제자를 대상으로 인물 분석을 했다고 가정하자. 회사가 이들의 학력, 경력, 적성을 종합해서 컴퓨터에 분석을 의뢰했다면 아마 이런 결과가 나왔을지도 모른다. "야고보와 요한은 매우 이기적인 사람이다. 도마는 매사에 의심이 많고 부정적인 성격의 소유자다. 베드로는 성격이 급해서 실수할 가능성이 높다. 안드레는 너무 내성적이어서 매사에 추진력이 떨어진다. 야고보는 혁명가적인 기질이 있어 위험한 존재다. 세리 출신 마태는 자신의 이익만을 추구하는 사람이다. 제자들 중 적격자는 가룟 유다뿐이다. 그는 학식과 경험을 겸비한 인물이며, 실업가의 감각과 사교성을 지니고 있다." 그러나 기독교 역사를 변화시킨 사람은 부적격자로 판정받은 제자들이었다. 세상적인 관점에서 가장 유능했던 가룟 유다는 배신자일 뿐이었다. 하나님은 교만한 자를 택하지 않으시며, 우리의 겸손과 부족함을 들어서 사용하신다.

—정장복 · 주승중, 『말씀의 징검다리』

도입을 위한 질문

❶ 열두 제자가 예수님의 부르심을 받았을 때 그들의 모습은 어땠습니까?

❷ 예수님은 왜 부족한 우리를 제자로 부르십니까?

본문 질문

❶ 예수님은 중요한 결정을 하시기 전에 어디서 무엇을 하십니까(12절)?

❷ 예수님은 제자들 중 열둘을 택하시고 그들을 무엇이라고 부르십니까(13절)?

❸ 택함 받은 열두 사도의 이름을 정리해 보십시오(14–16절).

❹ 누가는 가룟 유다를 어떻게 소개하고 있습니까(16절)?

❺ 다음 글을 읽고 이 시대의 사도 역할에 대해 정리해 보십시오.

나는 팻(Pat)이라는 남자에게서 최초로 복음을 '들었다'. 그는 소방서에서 시간제로 일하던 사람이었다. 그는 때때로 해변에서나 입는 원색 옷을 입고 너덜너덜한 성경책을 들고 다니며 거리에서 복음을 전했다. 17세 때 나는 그를 찾아가 하나님에 대해 날카롭고도 어려운 질문을 던졌는데, 그는 나를 항상 진지하게 대했다. 팻은 내가 성경을 읽고 이해하도록 도와주다가, 마침내 복음에 대한 기본적인 메시지를 들려줬다. 며칠 후, 나는 하나님께서 실재하신다면 내 삶 속에 역사해 달라고 기도했다. 하나님은 과연 역사해 주셨으며 그 후로 그 일을 단 한 번도 멈추지 않으셨다. 그 외에도 많은 사람이 믿음의 삶을 사는 나에게 다가와 교사나 인도자가 돼 줬다. 하나님은 사람들의 입에 당신의 진리를 담아 두기로 작정하셨다. 우리 영은 다른 사람이 선포하는 하나님의 말씀을 통해 소생한다. '살아 있는 사도'가 될 기회는 우리 모두에게 주어졌다.

–제임스 브라이언 스미스, 『하나님이 내게 반하셨다』

❻ 예수님께서 열두 사도와 함께 평지로 내려오셨을 때 어떤 사람들이 기다리고 있었습니까(17절)?

❼ 예수님은 어떤 사람들도 고쳐 주십니까(18절)?

❽ 온 무리가 예수님을 만지려고 힘쓴 이유는 무엇입니까(19절)?

더 깊은 연구와 묵상을 위하여

❶ 예수님은 언제나 중대한 결정 앞에서 기도하셨습니다. 왜 그렇게 하셨다고 생각합니까(눅 3:21, 5:16, 9:18)?

❷ 옛 이스라엘의 열두 지파와 열두 사도 사이에는 어떤 연관성이 있습니까?

적용을 위한 글

열두 사도를 택하는 것은 매우 중요한 일이었다. 사도는 장차 하나님 나라의 복음을 전파하고, 새 이스라엘의 초석이 될 것이며, 교회를 이끌어 갈 지도자가 될 것이기 때문이었다. 예수님은 중대한 결정을 앞두고 마음을 모아 기도하셨다. 밤이 새도록 하나님께서 응답해 주실 때까지 기도하셨다. 예수님 자신의 뜻이 아니라 하나님의 뜻에 따라 선택될 수 있도록 기도하셨다. 예수님께서 철야기도를 하셨다면, 우리도 기도하고 또 기도해야 하지 않겠는가?

적용 및 결단을 위한 질문

❶ 여러분은 어떤 일을 결정하기에 앞서 충분히 기도합니까? 예수님과 여러분의 모습을 비교해 본 후, 기도하는 삶이 되기 위해 어떤 노력을 해야 할지 생각해 보십시오.

❷ 여러분이 내려가서 섬겨야 할 평지는 어디입니까?

22 불행 그리고 행복

본문 누가복음 6:20-26

외울 말씀 예수께서 눈을 들어 제자들을 보시고 이르시되 너희 가난한 자는 복이 있나니 하나님의 나라가 너희 것임이요 (20절)

도입을 위한 글

2년 전 취재를 통해 만난 초등학교 5학년 소년이 있었다. 눈 오는 성탄절에 태어나 이름이 성탄이었다. 종일 햇빛이 들지 않는 작은 월세방에 살면서도 밝은 웃음을 잃지 않는 아이였다. 아빠는 20여 년을 교도소에서 보낸 뒤 엿장수 춤을 추는 거리의 광대였고, 엄마는 정신지체 2급 장애인이었다. 극한 가난 속에서도 의젓한 모습으로 부모님을 돕는 아이의 이야기는 미디어를 통해 세상에 알려졌다. 성탄이를 만나기 위해 천호동 집을 방문했을 때, 아이는 아빠와 김치볶음밥을 만들고 있었다. 성탄이 아빠는 아이가 비뚤어지지 않고 효심이 깊은 이유는 신앙심 때문이라고 말했다. 성탄이는 아프기 전까지 교회학교 교사로 봉사했던 엄마와 '온 가족이 함께 살게 해 달라'고 기도해 왔고, 매 주일 자전거를 타고 동네를 돌며 친구들을 전도해 왔다고 한다. 취재를 마치고 이 집을 나오면서 아무리 가난해도 부모가 자녀에게 따뜻한 관심과 애정을 쏟고, 자녀를 위해 눈물로 기도한다면 올곧게 자랄 수 있다는 것을 확신했다.

–김용식

도입을 위한 질문

❶ 여러분은 가난과 불행의 정도가 비례한다고 생각합니까? 그 이유는 무엇입니까?

❷「도입을 위한 글」 속의 성탄이가 김치볶음밥에도 행복할 수 있었던 비결은 무엇입니까?

본문 질문

❶ 당시 가난한 자들은 하나님의 저주를 받은 자로 여겨졌고 공동체로부터 철저하게 소외당했습니다. 하지만 예수님은 가난한 자들에게 어떤 복이 있다고 선언하셨습니까(20절)?

❷ 이 세상에서 굶주린 자와 우는 자는 종말에 어떻게 됩니까(21절)?

❸ 예수님의 제자는 예수님 때문에 사람들에게 어떤 취급을 당할 수도 있습니까(22절)?

❹ 제자들이 박해 당하는 날은 기뻐하고 뛰놀 날입니다. 그 이유는 무엇입니까(23절)?

❺ 다음 글을 읽고 구원에 이르는 가난에 대해 정리해 보십시오.

> 오래전 수도원에서 제자가 스승에게 말했다. "저는 빈손으로 선생님께 왔습니다." "그럼 그것도 당장 버려라." "빈손인데 어떻게 버릴 수가 있습니까?" "너는 네게 아무것도 없다는 그 자체를 소유할 수도 있다. 자신의 포기 의식을 트로피처럼 지니고 다니는 것이다. 네 소유물을 버리지 말고 네 자아를 버려라." 수도사들은 수도사가 될 때 서약을 한다. "가난하게 살겠습니다. 순결을 지키겠습니다. 순종하며 살겠습니다." 이 3가지 고백은 한 번의 고백이 아니라 매일의 고백이다. 이런 고백을 수도사들은 '영속적 개심'이라고 부른다. 수도사들이 드리는 가난의 서약이 수도원을 하나님의 나라로 만들어 간다. 수도사들이 광야로 간 목적은 자신의 많음에서 해방돼 가난해지기 위함이다. 물질의 가난을 통해 영혼의 가난을 맛보기 위함이다. –이성희

❻ 회개하지 않는 부요한 자들에게는 화가 있을 것입니다. 그 이유는 무엇입니까(24절)?

❼ 굶주린 이웃의 눈물에는 아랑곳하지 않고 자신만 배부른 채 웃고 있는 자는 종말에 어떻게 됩니까(25절)?

❽ 사람들의 칭찬을 받기 위해 듣기 좋은 말만 하는 거짓 선지자들은 종말에 어떻게 됩니까(26절)?

더 깊은 연구와 묵상을 위하여

❶ 여러분은 부를 하나님의 축복, 가난을 하나님의 저주라고 생각하는 기복주의(祈福主義)적 가치관에 대해 어떻게 생각합니까?

❷ 삭개오는 구원받은 부자의 모델입니다. 그의 삶의 특징에 대해 연구해 보십시오(눅 19:1-10).

적용을 위한 글

예수님의 평지설교는 그 서두부터 파격적이다. 경제적 풍요가 하나님의 복이며 가난은 저주로 여겼던 당시의 통념을 뒤집어 버리셨다. 중요한 것은 하나님의 복음을 받아들일 만한 마음의 가난함이다. 사실 경제적 기준은 그리 중요하지 않다. 부요하다고 해서 무조건 마음이 부자인 것도, 가난하다고 해서 무조건 마음이 가난한 것도 아니다. 삭개오처럼 겸손한 부자도 있고 고집스러운 거지도 있을 수 있다. 물론 가난과 배고픔으로 울 수 있지만 그 가운데 하나님을 만날 가능성이 더 열려 있을 수도 있다. 높아진 자는 낮아지자. 그리고 낮아진 자는 하나님의 높여 주심을 바라보자.

적용 및 결단을 위한 질문

❶ 여러분의 마음은 항상 구원의 복음과 하나님의 은혜를 간절히 필요로 하고 있는지 살펴보십시오.

❷ 여러분 주변의 가난한 자, 주린 자, 우는 자, 소외당하는 자는 누구입니까? 그들을 위해 여러분이 결단해야 할 것은 무엇입니까?

23 원수 사랑

본문 누가복음 6:27-38

외울 말씀 그러나 너희 듣는 자에게 내가 이르노니 너희 원수를 사랑하며 너희를 미워하는 자를 선대하며 (27절)

도입을 위한 글

링컨(Abraham Lincoln)에게는 에드윈 스탠턴(Edwin Stanton)이라는 정적이 있었다. 스탠턴은 당시 가장 유명한 변호사였는데 한 번은 두 사람이 함께 사건을 맡게 됐다. 이 사실을 모르고 법정에 앉아 있던 스탠턴은 링컨을 보자마자 "저따위 시골뜨기와 어떻게 같이 일하라는 겁니까?"라며 나가 버렸다. 이후 대통령이 된 링컨은 내각을 구성하면서 가장 중요한 국방부 장관에 스탠턴을 임명했다. 링컨의 결정에 놀란 모든 참모가 재고를 건의하자, 링컨은 "나를 수백 번 무시한들 어떻습니까? 그는 사명감이 투철한 사람으로 국방부 장관을 하기에 충분합니다"라고 했다. "그래도 스탠턴은 당신의 원수가 아닙니까? 원수를 없애야지요!"라는 참모들의 말에 링컨은 웃으며 말했다. "저도 그렇게 생각합니다. 원수는 마음속에서 없애야지요! 그러나 그것은 '원수를 사랑으로 녹여 친구로 만들라'는 말입니다. 예수님도 원수를 사랑하라고 하셨습니다." 나중에 링컨이 암살자의 총에 맞아 숨을 거뒀을 때 스탠턴은 링컨을 부둥켜안고 통곡하며 이렇게 말했다고 한다. "여기, 가장 위대한 사람이 누워 있습니다."

—전광, 『백악관을 기도실로 만든 대통령 링컨』

도입을 위한 질문

❶ 여러분은 무시당할 때 주로 어떻게 반응합니까? 왜 그런 반응이 나온다고 생각합니까?

❷「도입을 위한 글」에 나오는 링컨처럼, 여러분이 원수를 마음속에서 없애 버렸던 적이 있으면 이야기해 보십시오.

본문 질문

❶ 하나님 나라의 백성은 원수가 미워하고 저주하며 모욕을 줄 때 어떻게 반응해야 합니까(27-29절)?

*너희 듣는 자(27절): 예수님을 따르는 새로운 공동체, 하나님 나라에 소속된 사람들을 의미한다.

❷ 가난한 자들이 옷과 같은 생필품을 필요로 할 때 어떻게 해야 합니까(29-30절)?

❸ 사랑은 자기를 버리는 훈련입니다. 대접받고 싶은 욕망이 있을 때 오히려 어떻게 해야 합니까(31절)?

❹ 하나님 나라의 백성이 아닌 죄인들도 어느 정도의 사랑은 실천할 수 있다고 말합니까(32-34절)?

❺ 다음 글을 읽고 자기희생과 사랑의 관계에 대해 정리해 보십시오.

기독교 진리의 핵심은 자기희생과 원수 사랑이다. 인도나 중국 등 동양 종교에는 자기부정과 금욕적 훈련은 있으나, 타자를 위한 자기희생이 중심에 있지 않다. 원수에 대한 미움과 분노에서 벗어날 것을 강조하고 폭력과 살인을 금하지만, 적극적인 원수 사랑을 우선시하지 않는다. 동양 종교들은 기본적으로 '나'의 문제에 집중한다. 폭력과 살인의 금지, 원수에 대한 미움과 분노의 금지도 폭력과 미움의 근원인 '나'의 탐욕과 집착에서 해탈하는 것과 관련된다. 기독교에도 깊은 죄의식이 있다. 하지만 기독교에서의 죄는 기본적으로 하나님과의 관계, 이웃과의 관계로 규정된다. 또한 자기희생은 타자를 위한 것이며, 원수 사랑은 타자와의 개인적이고 적대적인 관계를 공동체적인 관계로 바꾸는 것이다.

—박재순

❻ 하나님의 아들이 되는 큰 상을 받으려면 어떻게 사랑해야 합니까(35절)?

❼ 하나님의 아들은 아버지를 닮아 자비롭습니다. 하나님은 어떤 자들에게도 인자하십니까(35-36절)?

❽ 비판과 정죄를 멀리하고 용서와 베풂을 실천하면 어떤 삶의 열매를 맺을 수 있습니까(37-38절)?

더 깊은 연구와 묵상을 위하여

❶ 그리스도인이 하나님의 사랑을 실천해야 하는 이유에 대해 살펴보십시오.

❷ 자비로우신 하나님은 모든 사람에게 일반 은총을 내려 주십니다. 일반 은총의 예를 들어 보십시오(예: 햇빛, 공기 등).

적용을 위한 글

예수님은 하나님 나라의 새로운 윤리를 선언하셨다. 예수님 안에 소속된 그리스도인들은 새로운 질서로 살아가야 한다. 우리를 미워하고 저주하고 모욕하고 뺨을 치는 원수들도 선하게 대할 수 있는 넉넉함이 있어야 한다. 축복과 기도와 넉넉함을 보여 줄 때 그들도 하나님 나라의 복음의 향기를 맡게 될 것이다. 그리스도인의 사랑 실천은 세상의 법칙을 초월한다. 그리스도인은 '눈에는 눈, 이에는 이'라는 상호성의 원리를 초월하여 보상 없이도 아낌없이 줄 수 있는 사람들이다. 즉, 세상의 모욕, 강탈, 비판, 정죄 등을 모두 흡수해 사랑으로 녹여 세상에 다시 흘려보내는 사람들이다.

적용 및 결단을 위한 질문

❶ 여러분은 축복, 기도, 대접, 칭찬, 용서 등의 구체적인 행동으로 원수를 사랑하고 있습니까? 그중 가장 힘든 것은 무엇이며, 그 이유는 무엇입니까?

❷ 여러분이 세상 사람들과 구별된 삶을 살기 위해 노력하고 있는 것을 나눠 보십시오.

24 듣고 행하는 자

본문 누가복음 6:39-49

외울 말씀 너희는 나를 불러 주여 주여 하면서도 어찌하여 내가 말하는 것을 행하지 아니하느냐 (46절)

도입을 위한 글

어느 날 소포 꾸러미 하나를 받았다. 가장자리가 낡고 얼룩진 그 책은 내가 쓴『God's Story』의 문고본이었다. 책 표지 안쪽에는 한 노숙자의 간증이 적혀 있었다. 베트남 참전 용사인 그는 알코올 중독자였으며, 마음이 몹시 상한 채로 하루하루를 보냈다. 그러던 어느 날, 구걸하고 있던 그에게 누군가 책 한 권을 놓고 갔다. 그것이 바로 이 책이다. 그는 책 곳곳에서 하나님의 사랑을 발견하면서 인생의 패배로 쓰라렸던 마음이 사라지고, 강퍅했던 마음이 부드러워졌으며, 예수 그리스도께 자신의 삶을 내어 드리기로 결심하게 됐다고 했다. 나는 성경 구절을 인생에 어떻게 적용해야 하는지 알기 위해 많은 시간을 성경 연구에 쏟았다. 또한 내게 보내 주신 영혼을 위해 눈물 흘리고 몸부림치며 기도했다. 예수 그리스도와 하나님의 영원한 나라에 온전히 초점을 맞추고 살기 위해 감수해야 하는 모든 희생에 대해 생각할 때, 마음에서 우러나오는 기쁨과 만족의 미소가 떠오른다. 하나님 아버지의 집에 들어갈 때 최소한 빈손이 아닐 것이며, 허비한 인생의 재를 보게 되는 일도 없으리라는 것을 알고 있다. 나는 무언가를, 누군가를 가져가게 될 것이니까.

–앤 그레이엄 로츠,『내 아버지 집으로』

도입을 위한 질문

❶ 여러분이 천국에 갖고 갈 열매는 무엇이라 생각합니까? 그 이유는 무엇입니까?

❷ 지금 여러분은 예수님께 나아가(1단계), 듣고(2단계), 행하는(3단계) 3단계 중에서 어떤 단계에 머무르고 있습니까?

본문 질문

❶ 맹인이 맹인을 인도하고 제자가 선생을 가르친다면 어떤 일이 벌어집니까(39-40절)?

❷ 형제의 눈 속에 있는 티를 빼내려고 하기보다는 먼저 무엇을 해야 합니까(41-42절)?

❸ 열매로 나무를 알 수 있듯이 사람의 선함과 악함은 무엇으로 알 수 있습니까(43–45절)?

❹ "주여 주여"라는 입술의 고백보다 더 중요한 것은 무엇입니까(46절)?

❺ 다음 글을 읽고 그리스도인이 맺어야 할 열매에 대해 정리해 보십시오.

기원전 2000년쯤부터 로마는 포도를 재배하고 포도주를 만들었다. 이탈리아라는 지역 전체가 포도 산지였다. 현재 포도주 생산 1 · 2위를 다투는 프랑스로, 유럽 전체로, 마침내 전 세계로 포도주가 퍼져 나갔다. 포도주 없이는 못 사는 황홀경에 빠진 세상이 됐다. 그러나 포도주는 인간을 죄와 죽음에서 구원하지 못한다. 포도나무로 세운 이스라엘이 열매를 맺지 못할 때, 이 세상에 참포도나무(요 15:1)로 오신 예수 그리스도께서 십자가에 달려 죽으심으로 구원의 열매를 맺으셨다. 주님의 피로 값을 치른 복음이 인류에 확산된 길은 포도주가 확산된 길과 비슷하다. 바울이 로마에 복음을 전했고, 로마가 닦은 길을 따라 전 인류의 가슴에 퍼져 오늘 여기까지 전해졌다. 기독교인들은 포도나무이신 주님께 겸손히 붙어 이웃을 살리는 희망의 열매, 희락과 기쁨을 퍼뜨리는 성령의 열매(갈 5:22–23)를 맺어야 한다. 포도나무는 열매가 없으면 아무 쓸모가 없기 때문이다. –서재일

❻ 예수님의 말씀을 듣고 행하는 것은 마치 어떤 사람과 같습니까(47–48절)?

*주추(48절): 기둥을 고정시키는 돌 같은 물건이다.

❼ 말씀을 듣고 행하는 자는 큰 물과 같은 박해가 올 때 어떻게 됩니까(48절)?

❽ 말씀을 듣고 행하지 않는 자가 결국 무너져 파괴되는 이유는 무엇입니까(49절)?

더 깊은 연구와 묵상을 위하여

❶ 공동체에서 선생의 위치에 있는 자들은 무엇을 주의해야 합니까(약 3:1–2)?

❷ 그리스도인은 어떤 성령의 열매를 맺는 사람인지 연구해 보십시오(갈 5:22–23).

 |

적용을 위한 글

맹인이 길을 인도할 수 없고 제자가 선생을 가르칠 수 없다. 들보 있는 사람이 티끌 있는 사람을 비판할 수 없듯이, 섣불리 남을 판단하고 정죄하지 말아야 한다. 하나님의 백성은 마음과 말과 행동이 일치해야 한다. 외식적인 사람이 돼서는 안 되며, 좋은 열매를 맺는 좋은 나무가 돼야 한다. 하나님의 말씀대로 행하는 사람이 진정한 하나님의 백성이다. 말씀대로 행하는 자는 박해가 와도 흔들리지 않는다. 하지만 입술로만 믿는 자는 박해를 당하면 쉽게 무너진다. 세상의 어떤 유혹과 박해에도 무너지지 않는 믿음이 있는지 점검하자.

적용 및 결단을 위한 질문

❶ 여러분은 자신의 눈 속에 있는 들보를 보기 위해 무엇을 하고 있습니까?

❷ 여러분은 말씀을 삶에 적용하기 위해 구체적으로 어떤 노력을 하고 있습니까?

25 백부장의 사랑과 믿음

본문 누가복음 7:1-10

외울 말씀 예수께서 들으시고 그를 놀랍게 여겨 돌이키사 따르는 무리에게 이르시되 내가 너희에게 이르노니 이스라엘 중에서도 이만한 믿음은 만나보지 못하였노라 하시더라 (9절)

도입을 위한 글

90세인 할아버지가 삶의 의욕을 잃어버린 채 홀로 지내고 있었다. 어느 날 밤, 서울에서 아들이 하나밖에 없는 손자를 데리고 내려와서는 "아버지, 손자 며칠만 데리고 계세요"라는 말만 남기고 떠났다. 그날부터 할아버지는 손자를 위해 하루 세끼 밥을 짓고, 땔감을 모아 불을 지피고, 채소를 가꿨다. 할아버지는 열심히 농작물을 가꿔 시장에 내다 팔았다. 그렇게 할아버지는 손자를 위해 살면서 젊어진 기분이 들었다. 이후 3년이 지난 어느 날 아들이 다시 왔다. 그리고 아버지에게 두툼한 봉투를 드리며 자초지종을 설명하고 다음날 새벽, 손자와 함께 서울로 떠났다. 그날부터 할아버지는 다시 삶의 의욕을 잃었고, 끼니도 거른 채 마냥 방에만 누워 있었다. 그리고 2주 후, 할아버지는 영면(永眠)하고 말았다. 사랑할 사람이 떠나자 삶의 의욕을 상실한 것이다. 사람들은 흔히 사랑받지 못해 자살한다고 생각한다. 하지만 그렇지 않다. 사랑할 사람만 있으면 죽을 이유가 없다. 사랑해야 하니까! 그러므로 십자가만 있으면 삶의 의욕이 생긴다. 사랑할 사람이 많아서 죽었다가 다시 살아나신 예수님이 아니시던가.

—윤대영

도입을 위한 질문

❶ 사랑은 여러분에게 어떤 능력을 줍니까?

❷ 여러분이 사랑해야 할 사람은 누구입니까? 그 사랑을 어떻게 베풀 계획입니까?

본문 질문

❶ 가버나움의 어떤 백부장이 사랑한 종의 건강 상태는 어땠습니까(1–2절)?

*백부장: 1백 명의 군인들을 거느리고 있는 로마의 지휘관이다.

❷ 그 백부장은 병든 종을 위해 유대인의 장로들에게 어떤 부탁을 했습니까(3절)?

❸ 유대인의 장로들은 예수님께 백부장을 어떤 사람이라고 소개했습니까(4–5절)?

*사랑(5절): 아가페의 사랑으로 상급자가 하급자에게 베푸는 자비를 말한다. 백부장은 종도 사랑했다.

❹ 예수님은 이방인 백부장의 간청에 어떻게 반응하십니까(6절)?

❺ 다음 글을 읽고 사랑의 능력에 대해 정리해 보십시오.

1990년 미국 오하이오 주에서 제이미 팩스턴(Jamie Paxton)이란 사람이 의문의 죽임을 당했다. 경찰 조사 결과 총에 맞아 죽은 것으로 판명됐다. 이 사건의 문제점은 시체 외에 어떤 증거도 남지 않았고, 살해 동기를 품은 사람도 없었다는 점이었다. 의문의 살인으로 인해 제이미를 잃게 된 가족들의 충격은 엄청났는데, 특히 어머니가 큰 충격을 받았다. 아들이 살해된 이유라도 알아야겠다고 생각한 어머니는 지역 신문사를 통해 계속 광고를 냈다. '전 제이미의 어머니입니다. 전 아직도 그 아이를 잊지 못합니다. 살해한 동기라도 알려 주십시오.' 어머니는 계속해서 글을 실었다. 그리고 어느 날, 자신이 살인범이라고 밝힌 편지 한 통이 도착했다. 살인범은 자신이 제이미를 죽였으며 우발적으로 저지른 범죄라고 고백했다. 그런데 그 편지에는 사건의 실마리가 될 만한 정보가 몇 개 있었고, 경찰은 곧 그 살인범을 찾아낼 수 있었다. 경찰서로 연행되는 범인에게 기자들이 달려들어 위험을 무릅쓰고 편지를 보낸 이유를 묻자, 그는 눈물을 흘리며 말했다. "제이미를 향한 어머니의 사랑에 너무 감동했기 때문입니다. 그뿐입니다." 이것이 사랑의 능력이다. 사랑은 포기를 모른다. 사랑은 어떤 사람이라도 변화시킨다. 사랑을 베풀라.

–김장환, 『큐티365』

❻ 백부장은 예수님께 자신의 친구들을 보내 어떤 수고를 하시지 말라고 요청했습니까(6–7절)?

*그는 유대인들이 이방인의 거주지를 부정한 것(불결한 것)으로 여긴다는 사실을 알고 있었다.

❼ 백부장은 명령의 효력을 알고 있었습니다. 그래서 예수님께 무엇만 하시라고 요청했습니까(7–8절)?

❽ 예수님은 백부장의 믿음을 어떻게 평가하십니까(9절)?

더 깊은 연구와 묵상을 위하여

❶ 백부장의 사랑에 대해 좀 더 냉철하게 분석해 보십시오. 그가 자신의 노예를 사랑하고 식민지의 백성을 사랑하는 것이 어떻게 가능했다고 생각합니까?

❷ 이방인을 지옥의 불쏘시개처럼 여겼던 유대인의 장로들이 이방인 백부장의 부탁을 들어준 이유는 무엇입니까(5절)?

적용을 위한 글

본문에서 두 지도자가 은밀하게 비교되고 있다. 바로 이방인 출신 백부장과 유대인 출신 장로들이다. 이방인 백부장은 사회적 약자를 마음으로 사랑했다. 그는 노예와 식민지 백성들도 사랑했다. 반면, 유대인 장로들의 머릿속에는 성경이 가득 차 있었지만 그들의 마음은 냉랭했다. 그들에게는 오히려 세상적인 계산만 가득했다. 장로들은 부정한 이방인의 부탁을 들어줬고 자신들이 싫어하는 예수님을 찾아갔다. 하지만 이 모든 것은 이익을 위한 행동일 뿐이었다. 그들은 지도자의 본질도 명분도 버린 채 눈앞의 이익만을 따라다녔다.

적용 및 결단을 위한 질문

❶ 여러분이 돌아봐야 할 사회적 약자는 누구입니까? 그들을 위해 여러분이 보여야 할 사랑의 행동은 무엇입니까?

❷ 여러분에게는 예수님의 능력을 절대적으로 의지하고 신뢰했던 백부장의 믿음이 있는지 살펴보십시오. 그리고 이제부터 어떤 신앙생활을 해야 할지 결단하는 시간을 가져 보십시오.

26 사망 권세를 이기신 예수님

본문 누가복음 7:11-17

외울 말씀 가까이 가서 그 관에 손을 대시니 멘 자들이 서는지라 예수께서 이르시되 청년아 내가 네게 말하노니 일어나라 하시매 (14절)

도입을 위한 글

베데스다 연못가에 누워 물이 동하기만을 기다리던 38년 된 환자가 있었다. 그는 태어나서 한 번도 걸어본 적이 없었다. 그에게 다가오신 예수님께서 '일어나 네 자리를 들고 걸어가라'고 명하시자 기적이 일어났다. 그 연못가에서 예수님을 만난 그는 발목과 다리와 팔과 허리에 힘이 생기고 병이 치유돼서 일어나 걷고 뛸 수 있는 놀라운 기적을 경험했다. 회당장 야이로의 딸이 죽었을 때, 예수님께서 그 집으로 가셔서 죽은 소녀의 손을 잡고 '아이야 일어나라'고 명하시자 어떤 일이 일어났는가? 영이 돌아와 아이가 곧 일어나는 기적이 나타났다. 예수님을 만난 회당장 야이로는 죽은 딸이 살아나는 기적을 볼 수 있었다. 베다니에 사는 나사로가 병들어 죽었을 때 예수님께서 그곳에 가셔서 무덤의 돌문을 옮겨 놓으라 말씀하시고 기도하신 후에 큰 소리로 '나사로야 나오라'고 부르셨다. 그때 죽은 지 나흘이나 됐던 나사로가 수족을 베로 동인 채로 무덤 속에서 살아 나왔다. 하루 이틀도 아니고 죽은 지 나흘이 된 시신이 살아났다는 사실은 참으로 놀라운 기적이다. 마음의 문을 온전히 열고 믿음으로 주님을 영접하고 만나게 될 때, 삶 속에서도 크고 작은 기적들이 일어나게 되는 것이다. –김학규

도입을 위한 질문

❶ 예수님을 만나게 되면 어떤 일이 일어납니까?

❷ 여러분은 언제 어떻게 예수님을 만났습니까?

본문 질문

❶ 예수님께서 나인 성으로 가실 때 누가 동행했습니까(11절)?

*나인: 갈릴리 지방의 한 성읍이다.

❷ 예수님과 무리는 성 밖으로 나오는 어떤 행렬과 마주쳤습니까(12절)?

❸ 예수님은 독자를 잃고 절망한 과부를 보시고 어떻게 대해 주십니까(13절)?

❹ 예수님은 관에 손을 대시고 청년에게 무엇이라고 말씀하십니까(14절)?

❺ 다음 글을 읽고 예수님을 만나게 될 때 일어나는 변화에 대해 정리해 보십시오.

> 유대인 철학자 마틴 부버(Martin Buber)가 쓴 100쪽이 채 안 되는『나와 너』라는 책이 세계적으로 주목을 받은 바 있다. 그는 인생을 만남이라고 정의하며, 바르게 만난 사람은 인생을 제대로 살지만, 잘못된 만남을 이룬 사람은 인생을 잘못 산다고 주장한다. 예를 들어 나와 '그것'의 만남을 이룬 사람은 결혼을 해도 재산을 보며, 예수님을 믿어도 수단으로 믿는다는 것이다. 그래서 진정한 만남이란 나와 그것의 만남이 아닌 나와 너의 만남이어야 한다고 말한다. 곧 가슴과 가슴, 영혼과 영혼이 만나는 진정한 사랑의 만남을 이룰 때 바른 인생을 살게 된다는 것이다. 사도 바울은 다메섹 도상에서 그렇게 예수님을 만났다. 일본의 성자 가가와 도요히코(賀川豊彦) 목사도 15세 때 예수님을 만난 후 그의 삶이 완전히 바뀌었다. 내무대신인 아버지와 기생 출신의 어머니 사이에서 사생아로 태어나 고아원에서 불행하게 자랐지만, 예수님을 만난 후 예수님처럼 자신의 모든 것을 주는 삶으로 변화된 것이다. 우리의 만남은 어떤가?
>
> –설동욱

❻ 예수님께서 말씀하시자 죽었던 자가 어떻게 됐습니까(15절)?

❼ 사람들은 하나님께서 자신들에게 누구를 보내 주셨다고 말했습니까(16절)?

*돌보셨다: '위에서 보다'라는 뜻이다. 원래 의사가 환자를 치료하기 위해 왕진(往診)하는 것을 가리켰다. 여기서는 불쌍히 여기는 마음으로 섬세하고 자상하게 살피는 것을 뜻한다.

❽ 이 장면을 목격한 사람들은 어떤 반응을 보였습니까(17절)?

더 깊은 연구와 묵상을 위하여

❶ 생명의 행렬과 죽음의 행렬이 교차되는 장면을 좀 더 구체적으로 살펴보고, 사망을 영광과 찬송으로 변하게 하신 예수님을 묵상해 보십시오.

❷ 사람들은 구약 성경의 어떤 장면을 떠올리며 예수님을 큰 선지자라고 불렀습니까(왕상 17:17-24; 왕하 4:32-37)?

적용을 위한 글

예수님은 생명을 가지고 나인 성으로 향하셨다. 그 생명의 전진에 많은 사람이 동참했다. 예수님의 발걸음은 생명을 주는 행렬이었다. 그런데 그 생명의 행렬이 죽음의 행렬과 마주쳤다. 하나밖에 없는 아들의 죽음을 슬퍼하는 어머니의 눈물 행렬이었다. 남편을 먼저 보낸 것도 가슴 아픈 일인데 독자까지 보내야 하는 과부의 마음이 어땠겠는가? 하지만 그 슬픔은 예수님을 통해 역전됐다. 사망이 생명으로, 슬픔이 기쁨으로 역전된 것이다. 예수님께서 임재하시는 곳에는 생명과 기쁨이 충만하다. "청년아! 일어나라!"고 외치시는 예수님의 음성이 생생하게 들리지 않는가?

적용 및 결단을 위한 질문

❶ 여러분은 문제와 고통의 중심으로 들어오시는 예수님을 만난 경험이 있습니까? 그 이후 여러분에게는 어떤 변화가 일어났습니까?

❷ 죽음을 생명으로 역전시키시는 예수님께 여러분의 슬픔과 눈물을 모두 고백하는 시간이 되십시오.

27 오실 그이

본문 누가복음 7:18-23

외울 말씀 예수께서 대답하여 이르시되 너희가 가서 보고 들은 것을 요한에게 알리되 맹인이 보며 못 걷는 사람이 걸으며 나병환자가 깨끗함을 받으며 귀먹은 사람이 들으며 죽은 자가 살아나며 가난한 자에게 복음이 전파된다 하라 (22절)

도입을 위한 글

"시력 검사를 언제 했지요?" 하면서 안경사가 기록을 조회했다. 그 안경사는 "5년이나 됐는데 그동안 한 번도 시력 검사를 하지 않았네요. 죄송합니다. 저희가 알아서 해 드렸어야 했는데 잘못했네요"라며 오히려 미안해했다. 사실 검사도 하지 않고 기존 시력으로 요청한 것은 나였다. 종종 시력을 검사해서 그 상태에 맞는 렌즈로 바꿔야 했지만, 검사를 하지 않고 '잘 보이니까'라는 안일한 생각으로 5년 동안 검사를 미뤘다. 5년 동안 안경테는 바꿔도 렌즈는 같은 것을 끼고 살았다. 내 눈에 렌즈를 맞춘 것이 아니고 내 생각에 렌즈를 맞췄던 것이다. 이처럼 마음의 렌즈 역시 매일 혹은 집중적으로 점검해야 세상을 바르게 볼 수 있다. 항상 마음의 렌즈를 점검하는 자세를 갖는 우리가 되도록 해야겠다.

도입을 위한 질문

❶ 여러분은 마음의 렌즈가 삶의 방향을 결정한다는 것에 대해 어떻게 생각합니까?

❷ 여러분은 마음의 렌즈를 어떤 방법으로 얼마나 자주 점검합니까?

본문 질문

❶ 예수님께서 기적을 베푸시는 현장에 누가 와 있었습니까(18절)?

❷ 요한은 예수님을 처음 만났을 때, 무엇을 확신했습니까(요 1:29-30)?

❸ 하지만 요한은 제자들로부터 예수님에 대한 소문을 듣고, 어떤 의문을 품게 됐습니까(19절)?

*오실 그이: 메시야, 그리스도를 말한다.

❹ 요한의 제자들은 예수님을 찾아가 어떤 질문을 했습니까(20절)?

❺ 다음 글을 읽고 잘못된 관점이 어떤 결과를 가져오는지에 대해 정리해 보십시오.

"그러면 나는 하나님처럼 뻐기면서 다니겠네 / 이 세계의 황무지 사이를 / 내가 하는 말에 강력한 힘을 부여하면 / 창조주와 똑같은 기분이겠지." 이것은 공산주의자 칼 마르크스(Karl Marx)가 젊은 시절에 지었던 시다. 이 시에서 나타나듯이 창조주와 자신을 동일시하고자 하며 자신의 말이 창조주의 말처럼 강력하길 원했던 그는 기독교의 인간관, 죄관, 구원관, 종말관을 모두 뒤집어놓은 마르크스주의(Marxism)를 만들어 낸다. "이 땅 위에서 선한 인간들의 끊임없는 진화를 통해 완전한 나라가 완성될 것이다"라는 헤겔의 사상에서 출발하는 마르크스주의는 예수님의 구속의 필요를 볼 수 없게 하고, 영원한 심판 대신 지상낙원을 약속한다. 즉, 인간의 가장 근본적인 욕구 충족을 목표로 제시하고 인간의 구원에 대한 열망을 건드리며 새로운 세상을 창조할 것을 약속하는, 일종의 대체종교 역할을 하는 것이다. 하지만 해결되지 않은 인간의 죄는 역사를 종말로 몰고 갈 뿐이다. 그럼에도 이 유물론적 사상은 오늘날의 다문화 속에서 여자, 흑인, 동성애자 등과 같이 억압받는 대상을 내세우며 새로운 모습으로 등장하고 있다. 교만은 하나님께서 가장 미워하시는 죄다. 에덴 동산에서 첫 사람이 실패했던 지점도 바로 여기다. 그런데도 여전히 사탄이 가장 즐겨 사용하는 무기가 되고 있다. 교만에서 출발한 여러 사상을 바르게 분별하는 지혜로운 그리스도인이 되자.

❻ 예수님은 요한의 질문에 대답하시기 전에 어떤 모습을 보여 주십니까(21절)?

❼ 예수님은 요한의 제자들에게 보고 들은 것을 요한에게 알리라고 하시면서 이사야서의 어떤 은유를 인용하십니까(22절; 사 35:5–6)?

❽ 예수님은 어떤 사람이 복이 있다고 말씀하십니까(23절)?

더 깊은 연구와 묵상을 위하여

❶ 세례 요한은 어떤 메시야를 기대하고 있었습니까(눅 3:16–17)?

❷ 예수님께서 인용하신 이사야서 은유들의 공통점은 무엇인지 찾아보십시오(사 26:19, 29:18–19, 35:5–6, 61:1).

적용을 위한 글

세례 요한은 심판하실 메시야를 기대하고 기다렸다. 하지만 예수님께서 보여 주신 모습은 심판이 아니라 구원이었다. 예수님은 질병과 고통과 악귀의 지배를 받는 자들을 해방시켜 주셨다. 맹인이 보며 못 걷는 자가 걸으며 나병이 낫고 먹은 귀가 들렸다. 또 가난한 자들에게 복음의 빛이 비췄다. 세례 요한이 상상했던 모습과는 전혀 다른 메시야였다. 이로써 예수님은 세례 요한의 잘못된 메시야상을 고쳐 주셨다. 그것도 이사야서를 근거로 잘못된 신앙을 바로잡아 주신 것이다. 요한이 아무리 위대하다 해도 그 역시 바로잡아야 할 문제가 있는 인간이었다.

적용 및 결단을 위한 질문

❶ 여러분은 이 땅에서 잘 먹고 잘 살게 해 줄 메시야를 기대하고 있는 사람들에게 어떤 말씀을 전하며 올바른 메시야관을 설명하겠습니까?

❷ 오늘날 퍼진 잘못된 신앙관으로는 무엇이 있는지 찾아보고, 그것을 바로잡기 위해 어떤 노력을 해야 하는지 나눠 보십시오.

 |

28 세례 요한과 바리새인

본문 누가복음 7:24-35

외울 말씀 지혜는 자기의 모든 자녀로 인하여 옳다 함을 얻느니라 (35절)

도입을 위한 글

제리 마이어(Jerry Meyer)는 위조지폐 제조업자였던 아버지 탓에 어린 시절부터 깡패 조직에 가담했다. 그러다 강도 누명을 쓰고 징역 15년 형을 선고받게 됐다. 그렇게 감옥에서 지내던 어느 날, 예배당을 갔는데 강단 위에 자신의 옛 친구가 서 있는 것이 아닌가. "저는 얼마 전까지만 해도 여러분과 마찬가지로 죄수복을 입고 있었습니다. 그러다가 그리스도가 나의 구주 되심을 알았고…." 그는 친구의 이야기에 귀를 기울였다. 그리고 감방에 돌아와 성경을 읽고, 기도를 시작했다. 그러자 내적인 음성이 들려왔다. "누가복음 18장의 세리의 기도를 기억해 봐라." 그는 바닥에 엎드려 죄와의 싸움을 계속했다. 그러나 그럴 필요가 없었다. 고뇌하는 가운데 그는 십자가에 달리신 그리스도를 봤고, "내 아들아, 네 죄는 용서됐다" 하시는 말씀을 들었다. 그는 새로운 생명의 전율로 마구 떨렸다. 그 후 제리는 출소했지만 전과자인 그를 받아 주는 곳은 없었다. 그때 그는 한 선교사의 도움으로 겨우 직업을 얻을 수 있었다. 이후 제리는 마음속에 비전을 품게 됐고, 자기처럼 버림받고 도움이 필요한 사람들을 위해 'Water Street Mission'이라는 구조선교회를 설립했다. 그로 인해 수많은 소외된 자들에게 하나님의 나라가 전파될 수 있었다.

-제임스 헤플리, 『위대한 그리스도인의 간증』

도입을 위한 질문

❶ 하나님의 나라는 어떤 사람들이 경험하는 나라입니까?

❷ 여러분은 주님을 믿지 않는 사람에게 하나님의 나라를 어떻게 설명하겠습니까?

본문 질문

❶ 예수님은 요한을 어떤 사람이라고 평가하십니까(24–26절)?

❷ 요한이 다른 선지자들보다 더 나은 이유는 무엇입니까(27절)?

*기록된 바: 말라기 3:1의 말씀을 인용하셨다.

❸ 요한은 여자가 낳은 자 중에 가장 큰 자이나, 하나님의 나라에서는 어떻습니까(28절)?

❹ 요한의 세례를 거절하고 하나님의 뜻을 저버린 사람들은 누구입니까(29-30절)?

❺ 다음 글을 읽고 하나님의 나라의 성격에 대해 정리해 보십시오.

예수님은 '하나님의 나라'와 더불어 독특한 동사들을 사용하셨다. 즉, 하나님의 나라가 '오다', 하나님께서 우리에게 하나님의 나라를 '주시다'(눅 12:32)라는 식으로 말이다. 그리고 '(하나님의 나라 안으로) 들어가다'와 '(하나님의 나라를 상속으로) 받다'라는 동사로도 표현하셨다. 반면, 예수님은 하나님의 나라의 개념과 함께 우리가 즐겨 사용하는 '이루다' 혹은 '확장하다' 등의 동사는 쓰지 않으셨다. 예수님은 하나님의 나라의 초월성과 은혜를 강조하고자 하셨다. 하나님의 나라는 인간이 '이루고 확장하는 것'이 아니라, 하나님의 초월에서 우리에게 '오는 것'이다. 인간이 힘과 지혜를 모아서 하나님의 나라를 '이루면', 그것은 인간의 나라에 불과하다. 인간적이고 내재적인 것에는 언제나 피조물적 한계가 있으며, 거기에는 아무런 구원의 능력이 없다. 그러므로 예수님은 하나님의 나라가 초월자이신 하나님의 통치에서 '오는 것'이기에 구원의 힘이 있다는 사실을 가르쳐 주셨다. 하나님께서 초월자로서의 힘을 갖고 우리 안으로 오셔서 우리에게 구원의 손을 내미실 때 비로소 구원이 일어난다. 이것이 은혜다. 결국 하나님의 나라는 하나님께서 우리에게 은혜로 '주시는 것'이다. —김세윤, 『복음이란 무엇인가』

❻ 예수님은 불신앙의 세대를 어떤 사람들에 비유하십니까(31–32절)?

❼ 바리새인과 율법교사들은 요한과 예수님을 어떤 사람이라고 평가했습니까(33–34절)?

❽ 예수님은 지혜, 즉 하나님의 구원 계획이 수많은 반대에도 결국 어떻게 될 것이라고 말씀하십니까(35절)?

더 깊은 연구와 묵상을 위하여

❶ 예수님께서 극찬하신 요한은 어떤 삶을 살았습니까(마 3:4; 눅 1:80, 3:3)?

❷ 불신앙의 세대는 언제나 예수님을 저평가합니다. 예수님에 대한 저평가의 예를 들어 보십시오.

적용을 위한 글

요한이 다른 선지자들보다 훌륭하고 여자가 낳은 자 중에 가장 큰 자인 이유는 그리스도가 오심을 목격했기 때문이다. 그는 그리스도를 직접 증거했다. 하지만 요한보다 큰 자들이 있다. 예수님의 십자가와 부활로 완성된 하나님의 나라를 경험한 자들이다. 하나님의 나라를 경험하는 것은 은총 중의 은총이다. 세상 그 무엇과도 비교할 수 없다. 그러나 바리새인과 율법교사들은 하나님의 나라를 거절했다. 그들에게는 복음을 받아들일 마음의 자리가 없었기 때문이다.

적용 및 결단을 위한 질문

❶ 여러분은 요한이 경험하지 못한 십자가와 부활의 구원을 경험하게 하신 은혜에 감사하고 있습니까? 지금 이 시간 이 은혜에 대한 감사기도를 하십시오.

❷ 여러분은 복음에 대해 어떻게 반응하고 있습니까? 복음을 기꺼이 받아들일 가난한 마음이 있는지 함께 살펴보십시오.

29 죄 사함 받은 여인

본문 누가복음 7:36-50

외울 말씀 이러므로 내가 네게 말하노니 그의 많은 죄가 사하여졌도다 이는 그의 사랑함이 많음이라 사함을 받은 일이 적은 자는 적게 사랑하느니라 (47절)

도입을 위한 글

마리아는 매우 값진 향유 옥합을 깨뜨려 예수님의 머리에 부었다. 제자들이 그녀를 혹독하게 비난했을 때 마리아의 마음은 많이 다쳤을 것이다. 그녀에게는 여러 가지 선택권이 있었다. 향유를 팔아 현금으로 바꿔서 유용한 일에 사용하거나, 저축해서 노년을 대비하거나, 주님 보시기에 아름답도록 자신을 가꾸는 일에 쓸 수 있었다. 주님과 우리의 관계에서도 이와 유사한 선택권이 있지 않은가? 하나님은 우리처럼 경제적이고 실리적이지 않으신 것 같다. 그분의 창조물은 얼마나 낭비이고 대범한 것인가? 그러나 거기에는 돈으로 환산할 수 없는 마음과 영혼의 것들이 있다. OMF(Overseas Missionary Fellowship)의 선교사 중 하나가 암으로 죽어 가고 있었다. 암을 발견했을 때는 마침 그녀의 외동딸이 선교사로 파송되던 시기였다. 당연히 그 딸은 어머니 곁에서 간병하기 원했다. 하지만 어머니는 자신을 위해 '향유 옥합'을 간직하지 않고 딸이 선교지로 출발할 수 있도록 도왔다. 우리는 하나님께 받은 선물을 자신의 치장에 쓰는가, 아니면 그분의 발에 붓는가?

—오스왈드 샌더스, 『주님의 제자학교』

도입을 위한 질문

❶ 여러분이 예수님께 드릴 수 있는 향유 옥합은 무엇입니까?

❷ 여러분이 예수님을 섬길 때 여러분에게 돌아오는 것은 무엇입니까?

본문 질문

❶ 예수님은 한 바리새인이 식사에 초대했을 때 어떻게 하십니까(36절)?

❷ 죄를 지은 한 여자는 어떤 방법으로 예수님을 섬세하게 섬겼습니까(37–38절)?

❸ 바리새인 시몬은 여자의 섬김을 지켜보면서 어떤 마음을 품었습니까(39절)?

❹ 빚진 자들 중 누가 빚 주는 사람을 더 사랑했으며, 그 이유는 무엇입니까(41–43절)?

❺ 다음 글을 읽고 그리스도인이 깨뜨려야 하는 옥합에 대해 정리해 보십시오.

야생 나드초는 해발 3,000m 이상의 히말라야 산맥에서 자라며 풀잎이 몸에 비해 큰 편이고, 엷은 보라색 꽃들이 뭉쳐서 핀다. 이 나드초의 갈색 뿌리를 한 다발 쪄서 증류법으로 겨우 한두 방울 얻는 것이 바로 향유다. 예수님께서 활동하실 당시, 100㎖의 향유는 300데나리온에 팔렸다. 젊은 노동자 한 사람의 하루 품삯이 1데나리온이었으므로 나드 향유는 상당히 고가의 물품이었다. 성화에 보면 옥합이 큰 꽃병처럼 묘사되고 있는데, 실제로 향유가 든 옥합은 비타민 C가 든 작은 음료수병보다 작았다고 한다. 옥합의 입구는 밀랍으로 단단하게 막아 놨기 때문에 그것을 연다는 것은 뚜껑을 깬다는 의미로 해석할 수 있을 것이다. 옥합을 깨고 향유를 예수님의 발에 부었던 여인처럼, 그리스도인들도 마음의 향유를 주님께 드릴 수 있는 열정으로 살아가야 한다. 그럴 때 우리는 진정한 기쁨과 평강의 나라를 삶 속에서 경험하게 될 것이다.

–김학규

❻ 시몬은 예수님께서 자기 집에 들어오셨을 때, 사랑이나 감사의 표현을 어떻게 했습니까(44–46절)?

❼ 죄를 지은 한 여자가 예수님을 섬세하게 섬겼던 이유는 그녀에게 무엇이 많았기 때문입니까(47절)?

❽ 예수님은 여자에게 공개적으로 무엇을 선언하십니까(48–50절)?

더 깊은 연구와 묵상을 위하여

❶ 바리새인이 예수님을 식사에 초대했던 숨은 의도는 무엇입니까?

❷ 본문을 마태복음 26:7과 요한복음 11:2에 나오는 말씀들과 비교해 보십시오.

적용을 위한 글

바리새인 시몬은 예수님을 식사에 초대했다. 그 자체는 나름대로 칭찬받을 일이었으나, 시몬은 예수님을 향한 사랑이 부족했다. 하지만 죄를 지은 한 여자는 달랐다. 그녀는 예수님을 많이 사랑했다. 그 사랑은 향유 옥합을 아낌없이 깨뜨리는 행동으로 증명됐다. 그녀는 눈물로 예수님의 발을 적시고 입을 맞췄다. 당시 노예들만이 주인의 발에 입을 맞췄는데, 여자는 예수님 앞에서 가장 낮은 자세로 가장 귀한 것을 정성을 다해 드린 것이다. 예수님은 바리새인 시몬은 책망하시고, 여자에게는 구원과 평안을 선언하셨다.

적용 및 결단을 위한 질문

❶ 여러분은 죄 사함의 은총에 대한 감사를 어떻게 표현하고 있습니까?

❷ 예수님을 향한 여러분의 사랑은 얼마나 큽니까? 그 사랑의 고백을 기도문으로 작성해 보십시오.

30 결실하는 자

본문 누가복음 8:1-15

외울 말씀 좋은 땅에 있다는 것은 착하고 좋은 마음으로 말씀을 듣고 지키어 인내로 결실하는 자니라 (15절)

도입을 위한 글

축구선수 박지성은 초등학교 때부터 왜소했던 체격이 고민이었다. 그러다 수원공고의 이학종 감독을 만나면서 그의 축구인생이 바뀌기 시작했다. 1학년 때는 연습보다 체력을 키우는 데 주력해서 키가 10㎝나 자랐고, 2학년 때부터는 주전으로 뛰었다. 하지만 대학에서 부르는 곳이 없었다. 다행히 명지대학으로 가게 됐지만 국내에서 부르는 팀이 없어 일본의 교토 퍼플상가에서 뛰었다. 그러다가 허정무 감독의 눈에 들어 올림픽 대표로 뛰게 됐고, 히딩크(Hiddink) 감독을 만나 비로소 그의 축구는 꽃피기 시작한다. 박지성의 아버지는 말한다. "지성이한테 제일 미안했던 게 안정환처럼 잘생긴 얼굴로 낳아 주지 못한 것이다. 잘생겼으면 슬럼프를 겪어도 기사는 계속 나기 때문이다. 그래서 한번은 이렇게 말했다. '넌 축구 못하면 아무짝에도 소용없으니까 반드시 축구로 성공해야 한다'고." 숨은 기본기와 실력을 기르게 한 뒷이야기다. "악인은 불의의 이익을 탐하나 의인은 그 뿌리로 말미암아 결실하느니라"(잠 12:12). 뿌리를 강화하면, 자연스레 결실을 맺게 된다. 따라서 우리는 본질과 뿌리에 집중해서 결실하는 의인의 삶을 살아야 한다.

—삼일교회 청년부 주보「yes31」

도입을 위한 질문

❶ 여러분은 신앙의 뿌리를 강화하기 위해 어떤 노력을 하고 있습니까?

❷ 여러분이 생각하는 신앙의 기본기는 무엇입니까?

본문 질문

❶ 예수님은 각 성과 마을에 두루 다니시면서 어떤 사역을 하십니까(1절)?

❷ 자기들의 소유로 예수님의 사역을 도왔던 여인들은 누구입니까(2-3절)?

*청지기(3절): 주인의 집안을 책임지고 관리하는 사람으로, 총독에 버금가는 고위층이다.

❸ 예수님은 하나님 나라의 비밀스러운 성격을 드러내시기 위해 어떤 방법을 사용하십니까(4, 10절)?

❹ 씨를 먹어 버리는 새들처럼 하나님의 말씀을 마음에서 빼앗아가는 존재는 누구입니까(5, 12절)?

❺ 다음 글을 읽고 마귀의 전략에 대해 정리해 보십시오.

신학자 C. S. 루이스(C. S. Lewis)가 쓴 『스크루테이프의 편지』라는 책에 이런 이야기가 있다. 영국에 어떤 신사가 일주일에 한 번씩 도서관에 가서 책을 읽는 습관이 있었다. 어느 날 도서관에 가서 책을 고르는데 마침 종교 서적이 눈에 들어왔다. 신사의 마음속에 갑자기 하나님에 대한 호기심이 생겼다. '하나님은 어떤 분이실까? 그분은 나와 어떤 관계가 있으실까?' 그때 그의 마음속에 사탄이 찾아와서 이렇게 속삭였다. '그런 골치 아픈 생각은 무엇 때문에 하니? 곧 점심시간인데 쓸데없는 생각하지 말고 밥이나 먹어.' 신사는 조금 전에 했던 하나님에 대한 생각을 버리고 식당으로 갔다. 그런데 점심을 먹는데 또다시 하나님에 대한 생각이 떠올랐다. 그러자 또 사탄이 나타나서 그에게 속삭였다. '밥 먹는데 소화 안 되게 뭘 그렇게 골똘히 생각해? 우선 밥이나 먹어.' 식사를 끝낸 후 하나님에 대한 생각이 다시 들려고 하자 사탄이 또 방해를 했다. '그런 생각은 한가할 때 해도 되잖아? 오늘은 집에 가서 할 일이 많으니 다른 날 생각하라고.' 결국 신사는 하나님에 대해 아무런 지식도 얻지 못한 채 도서관을 나왔다. 사탄은 집으로 돌아가는 신사의 뒷모습을 보며 미소를 지었다. 사탄의 지연 전술은 대단하다. 머리가 아프다는 핑계, 기분이 나쁘다는 핑계, 바쁘다는 핑계 등으로 하나님을 가까이하는 것을 연기하게 만든다.

—양은식, 『비를 몰고 오는 사람』

❻ 말씀의 싹이 성장하려면 시련과 고난을 견뎌 낼 수 있는 무엇이 있어야 합니까(6, 13절)?

❼ 말씀이 결실하지 못하도록 기운을 막는 가시떨기는 무엇입니까(7, 14절)?

❽ 말씀의 결실을 경험하는 자는 말씀을 듣고 어떻게 반응하는 자들입니까(8, 15절)?

더 깊은 연구와 묵상을 위하여

❶ 평행 구절인 마태복음 13:1–9과 마가복음 4:1–9을 비교하면서 본문을 관찰해 보십시오.

❷ 초대 교회를 섬겼던 여성들의 예를 찾아보십시오(예: 빌립보의 루디아).

적용을 위한 글

하나님 나라의 주인공이 될 수 있는 사람은 말씀의 결실을 맺는 사람이다. 하나님의 말씀을 듣는 데 그치는 것이 아니라, 열두 제자처럼 예수님을 따라야 한다. 자기의 소유권을 포기하고 예수님의 사역을 위해 섬겨야 한다. 마귀를 물리치고 시련을 견딜 수 있어야 한다. 인생의 염려, 재물, 향락을 멀리해야 한다. 이런 구체적인 삶의 열매가 있을 때 비로소 하나님 나라의 주인공이라 할 수 있다. 하나님 나라에 들어와 그 나라를 진정으로 경험하는 사람은 이론의 믿음이 아니라 실천의 믿음으로 사는 사람들이다.

적용 및 결단을 위한 질문

❶ 여러분은 예수님을 위해 소유와 물질을 어떻게 사용하고 있습니까?

❷ 여러분의 내면은 말씀을 듣는 4가지 마음 밭 중에서 어떤 밭에 해당합니까? 그렇게 생각하는 이유는 무엇입니까?

31 진정한 예수 가족

| **본문** 누가복음 8:16-25

| **외울 말씀** 예수께서 대답하여 이르시되 내 어머니와 내 동생들은 곧 하나님의 말씀을 듣고 행하는 이 사람들이라 하시니라 (21절)

도입을 위한 글

영국에 있을 때의 일이다. 나는 크리스마스 때 혼자 기숙사에 남아 있었는데, 미국인 톰(Tom) 목사가 나를 집으로 초대했다. 그는 부인, 고등학생 딸, 중학생 아들과 함께 살고 있었다. 그날 우리는 밤이 늦도록 웃고 또 웃었다. 그의 자녀들은 처음 보는 나에게 아주 친절하게 대했다. 접시를 건네기도 하고 음식을 떠 주기도 했다. 목사님이 자녀를 잘 길렀다는 생각이 들었다. 귀국 후 그분의 가족에 대해 알 기회가 있었는데 톰 목사 가정의 두 자녀는 입양한 아이들이었다고 한다. 하지만 나는 전혀 눈치채지 못했다. 그들의 모습이 너무나 밝고 행복해 보였기 때문이다. 입양한 자녀를 친자식처럼 기를 수 있는 분들이기에 아무 상관도 없는 나를 초대해 준 것이다. 지금 생각해 봐도 그날은 정말 행복한 시간이었다. 우리는 언제 따뜻함, 고마움, 행복을 느낄까? 가족이 아닌 사람이 가족처럼 대해 줄 때일 것이다. 우리가 가족 이기주의에서 벗어나 주위 사람들을 내 형제자매같이 대하고, 내 부모같이 대하고, 내 자식같이 대할 때 비로소 예수님 사랑의 가족을 이룰 수 있다. 교회는 이를 위해 존재한다. 바로 그 사랑을 느끼고 경험하며 연습하고 훈련하는 곳이 교회다.

-김재성, 월간 「홀씨」

도입을 위한 질문

❶ 가족 간의 사랑이 다른 사랑과 다른 점은 무엇입니까?

❷ 여러분은 교회에서 가족 간의 사랑을 느끼고 있습니까? 언제 가장 큰 사랑을 느껴 봤습니까?

본문 질문

❶ 예수님은 하나님 나라의 성격을 등불의 비유로 가르쳐 주셨습니다. 비유에서 등불을 켜는 자, 등불, 빛, 빛을 보는 사람은 각각 무엇을 상징합니까(16절)?

❷ 이미 하나님 나라를 발견한 사람은 무엇을 주의해야 합니까(18절)?

❸ 예수님의 어머니와 동생들이 예수님을 보려고 찾아갔을 때, 예수님을 만나지 못한 이유는 무엇입니까(19절)?

*동생들: 마태복음 13:55-56에 의하면 예수님께는 야고보, 요셉, 시몬, 유다 등 남동생이 있었으며 누이도 있었다.

❹ 어떤 사람이 예수님의 참된 가족입니까(21절)?

❺ 다음 글을 읽고 우리가 품어야 할 예수 가족은 누구인지에 대해 정리해 보십시오.

> 김혜자 씨가 쓴 『꽃으로도 때리지 말라』는 책을 읽으면서 너무나도 비참한 아프리카의 상황에 충격을 받았다. 그녀는 인류의 5분의 1인 12억 명이 하루 1달러 미만의 돈으로 살아가고 있으며 1만 원이면 굶어 죽어가는 아이 한 명을 한 달 동안 먹일 수 있다고 호소했다. 그리고 우리나라뿐 아니라 아프리카, 아프가니스탄, 인도 등 전 세계의 아동들과 결연하는 운동을 벌이고 있다. 그녀는 남들이 보기에 성공한 사람이요 부족한 것이 없는 행복한 사람이었다. 그러나 그녀는 마음속 어딘가 깊은 허무함을 느꼈다. 그녀는 "왜 지구의 어느 곳에서는 아이들이 800원짜리 항생제 하나가 없어서 시각장애인이 돼야 하고, 말라리아에 걸려 누워 있는 아빠의 배 위에서 갓난아이가 굶어 죽어가야 하는지"에 대해 물으면서 그들의 아픔을 자신의 아픔으로 받아들였다. 이런 과정에서 그녀는 자신이 살아야 하는 의미도 발견할 수 있었다. 도움이 필요한 아이들을 내 자식처럼 돌보는 김혜자 씨를 비롯한 구호단체와 시민단체야말로 오늘날 그들에게 사랑의 가족이 되고 있다. 바로 그들이 진정한 예수 가족이 아닐까 싶다.
>
> –김재성, 월간 「홀씨」

❻ 배를 타고 호수를 건너는 제자들에게 어떤 위태로운 상황이 발생했습니까(22-23절)?

❼ 예수님은 바람과 물결을 어떻게 제압하십니까(24절)?

❽ 예수님은 제자들의 무엇을 질타하십니까(25절)?

더 깊은 연구와 묵상을 위하여

❶ 성경에서 물은 종종 무질서와 혼돈의 세력을 상징합니다. 하나님은 그 세력들을 어떻게 하실 수 있는 분입니까(시 89:9, 107:23-32)?

❷ 예수님은 하나님 나라를 시작하셨지만 현재는 모두 드러난 것이 아니라 감춰진 상태입니다. 하나님 나라가 완성되면 어떤 일이 일어납니까(16-18절)?

적용을 위한 글

진정한 하나님의 백성들, 진정한 예수님의 가족들은 말씀의 빛을 바라보는 사람들이다. 하나님께서 세상의 등불로 보내 주신 예수님을 바라보는 사람들이다. 그리고 예수님의 말씀을 경청하고 순종하는 사람들이다. 인생의 광풍이 불어오는 순간에도 주님의 말씀만 신뢰하고 의지하는 사람들이다. 그렇지 않으면 예수님의 가족이라 할 수 없다. 시험의 때에 흔들린다면 있는 것마저 빼앗길 수 있다. 그러므로 굳건한 믿음으로 예수님을 붙잡고, 인생의 어떤 순간에도 주님을 신뢰하고 의지하자.

적용 및 결단을 위한 질문

❶ 하나님께서 여러분에게 예수 공동체로 묶어 주신 가족들을 소개해 보십시오. 여러분은 그들을 어떻게 사랑하고 있습니까?

❷ 여러분은 인생에서 광풍이 불어왔을 때 어떻게 반응했습니까?

32 한 영혼의 가치

본문 누가복음 8:26-39

외울 말씀 이는 예수께서 이미 더러운 귀신을 명하사 그 사람에게서 나오라 하셨음이라 (귀신이 가끔 그 사람을 붙잡으므로 그를 쇠사슬과 고랑에 매어 지켰으되 그 맨 것을 끊고 귀신에게 몰려 광야로 나갔더라) (29절)

도입을 위한 글

인간의 생명이 언제 시작되느냐에 대해 수정란, 배아줄기세포 생성, 인간 형체 형성, 출산 이후 등 의견이 분분하다. 하지만 생명에 대한 부분은 전적으로 하나님의 영역이다. 그러므로 생명을 나 자신의 것으로 착각하고 제 마음대로 취급해서는 안 된다. 예수님은 한 인간의 생명을 온 천하보다 소중하게 여기셨다(막 8:36). 내 생명이든, 남의 생명이든 함부로 죽여서는 안 된다. 생명은 일단 훼손되면 인간의 능력으로는 회복시킬 수 없기 때문이다. 특히 자살은 하나님의 주권을 침범하는 일이다. 아직도 세상은 테러와의 전쟁, 범죄로 인한 죽음으로 혼란스럽다. 생명을 연구 대상으로만 여기지 않고, 생명 그 자체를 소중히 여기는 평화로운 세상이 오기를 기원한다(요 10:10).

-권오성

도입을 위한 질문

❶ 여러분은 귀신 들린 사람을 본 적이 있습니까? 또는 귀신 들린 사람에 대한 이야기를 들어 본 적이 있습니까? 그때 여러분이 가장 먼저 들었던 생각은 무엇입니까?

❷ 여러분은 예수님께 순종하기 위해 손해를 감수한 적이 있습니까? 그 손해는 지금 어떤 모습으로 나타나고 있습니까?

본문 질문

❶ 예수님과 제자들이 거라사인의 땅에서 만난 귀신 들린 한 사람은 어떤 생활을 하고 있었습니까(26-27, 29절)?

*거라사인의 땅(26절): 갈릴리 호수 남쪽 끝에서 남동쪽 56㎞ 지점의 성읍이다.

❷ 예수님께서 귀신에게 "그 사람에게서 나오라"(29절)고 명령하시자 귀신이 무엇이라고 소리쳤습니까(28-29절)?

❸ 귀신의 이름은 무엇이며, 그 이름이 붙여진 이유는 무엇입니까(30절)?

❹ 많은 귀신이 예수님께 무엇을 간구했습니까(31–32절)?

*무저갱(31절): 바닥이 없는 깊은 수렁을 말한다. 사탄의 추종자들이 심판 때까지 결박될 임시 처소다.

❺ 다음 글을 읽고 예수님 말씀의 권세에 대해 정리해 보십시오.

전도팀이 어떤 마을에 복음을 전하러 갔는데 그 마을에서 토착신을 섬기는 제사장이 말했다. "만일 우리에게 예수 신을 전하고 싶다면 예수가 우리 신보다 강하다는 것을 증명해 보여라." 전도팀은 하나님께 기도를 한 후 제사장에게 "마을 사람들을 다 모으라. 하나님과 너희 신 중에 누가 더 강한지 보게 될 것이다"라고 말했다. 곧 1,000여 명의 마을 사람들이 모였고 전도팀은 손을 들고 하나님께 기도했다. "예수 이름으로 명하노니 사탄은 떠나갈지어다!" 그러자 토착신 제사장의 우두머리가 덜덜 떨기 시작했다. "선생님들, 나는 여러분의 신 예수를 믿고 싶습니다." 갑작스러운 변화에 그 이유를 물어 보자 우두머리가 대답했다. "나는 우리 신의 제사장으로서 늘 신들과 대화했습니다. 그런데 여러분이 기도하면서 예수 이름으로 떠나라고 명령할 때, 이곳에 모였던 모든 귀신이 '예수가 더 이상 우리가 이곳에 머무는 것을 허락하지 않는다'면서 다 달아나 버렸습니다." 이 이야기는 멜 태리(Mel Teri)의 『급하고 강한 바람처럼』이라는 책에 나오는데, 이 책에서 멜 태리가 강조하는 바는 말씀의 단순성으로 돌아가야 한다는 것이다.

–정장복 · 주승중, 『말씀의 징검다리』

❻ 귀신들은 돼지 떼에게로 들어갔고 돼지 떼는 호수에 들어가 몰사했습니다. 이 소식을 들은 거라사인 땅 근방 모든 백성은 어떤 반응을 보였습니까(33-35, 37절)?

❼ 귀신 들렸다 나간 사람은 어떻게 변화됐으며, 어떤 새로운 삶을 살게 됐습니까(35, 39절)?

❽ 거라사인 땅 사람들이 예수님께 떠나 주실 것을 부탁한 이유는 무엇입니까(33, 37절)?

더 깊은 연구와 묵상을 위하여

❶ 귀신 들린 돼지가 몰사한 사건으로 거라사 지방의 목축업자들은 어느 정도의 손해를 입었습니까? 이것은 궁극적으로 무엇을 위한 것이었습니까(막 5:13)?

❷ 귀신은 예수님께서 누구신지 알았지만 순종하지 않았습니다. 예수님을 알지만 순종하지 않는 사람과 귀신의 모습은 어떤 점에서 비슷합니까(28절)?

 |

적용을 위한 글

한 영혼이 천하보다 귀하다. 이것은 예수님의 변함없는 사역 원칙이었다. 예수님은 귀신 들린 한 사람의 자유가 돼지 2,000마리보다 더 가치 있다고 여기셨다. 하지만 사람들의 생각은 달랐다. 그들에게는 경제적 이익이 사람의 자유보다 먼저였다. 또한 예수님과 함께하는 것보다 경제적으로 손해를 보지 않는 것이 더 중요했다. 그래서 예수님께 떠나 달라고 한 것이다. 그런데 이런 모습은 비단 거라사 지방 사람들만의 문제가 아니다. 우리 역시 결정적인 선택의 순간에는 경제적 이익을 따지기 쉽다. 예수님과 함께하는 것보다 경제적 이익을 우선하고, 영혼의 자유보다 경제적 계산이 우선일 때가 없도록 경계해야 할 것이다.

적용 및 결단을 위한 질문

❶ 여러분이 세상에서 가장 귀하다고 생각하는 물질은 무엇입니까? 그것과 한 영혼을 비교했을 때, 어떤 것을 더 귀하다고 말하겠습니까? 그 이유는 무엇입니까?

❷ 여러분은 예수님과 함께하는 시간을 어떻게 보내고 있습니까? 그 시간을 가장 귀하게 여기고 있는지 여러분의 삶을 살펴보십시오.

33 두려움 없는 믿음

본문 누가복음 8:40–56

외울 말씀 예수께서 들으시고 이르시되 두려워하지 말고 믿기만 하라 그리하면 딸이 구원을 얻으리라 하시고 (50절)

도입을 위한 글

얼마 전 터키를 여행하면서 참으로 많은 교훈을 얻었다. 터키는 사도 바울의 1, 2차 선교 여행지인 동시에 사도 요한이 세운 아시아 일곱 교회의 터전이기도 하다. 가히 신약 성경의 보고라 할 만하다. 기독교가 로마의 국교가 된 이후, 성경과 관련되는 곳마다 웅장한 기념 예배당이 세워졌다. 그러나 오늘날 그 현장은 모두 폐허가 됐다. 주춧돌과 몇 개의 기둥, 아니 그것마저 없는 곳도 있다. 그래서 말할 수 없이 은혜롭다. 그 폐허의 현장은 한 가지 분명한 메시지를 전해 준다. 끊임없이 눈에 보이는 것을 짓고 세우려 하는 인간에 반해, 인간을 사랑하시는 하나님은 인간이 세운 것을 계속해서 허무셨다. 보이는 것이 부정될 때 비로소 보이지 않는 영원한 하나님을 볼 수 있기 때문이다. 유럽 교회는 지난 2,000년 동안 보이지 않는 영원을 예배당이나 성상처럼 보이는 형상으로 재현하는 일에 골몰하다가 하나님과 성도에게서 동시에 멀어지고 말았다. 그리고 그 잘못은 지금 이 땅에서도 똑같이 되풀이되고 있다. 화려하고 웅장한 예배당 그 자체가 영원한 것은 결코 아니다. 오히려 그것은 영원을 향한 우리의 시선을 가리는 장애물일지 모른다. 영원은 보이는 것을 뛰어넘을 때에만 그 찬란한 실체를 보여 준다. –이재철, 『내게 있는 것』

도입을 위한 질문

❶ 여러분이 주님 앞으로 나아가는 것을 방해하는 장애물은 무엇입니까?

❷ 그 장애물을 뛰어넘기 위해서는 무엇이 필요합니까?

본문 질문

❶ 회당장 야이로는 권위와 자존심을 내려놓고 예수님 앞에서 어떤 태도를 취했습니까(40–41절)?

*회당장(41절): 유대인의 회당에서 예배와 기타 업무를 책임지던 자로 보통 한 회당에 3명이 있었다.

❷ 회당장 야이로가 겪고 있었던 큰 시련은 무엇이었습니까(42절)?

❸ 그 와중에 예수님의 뒤로 와서 예수님의 옷 가에 손을 댄 사람은 누구입니까(43–44절)?

*혈루증(43절): 만성 자궁출혈병이다. 레위기 정결 규례에 이런 질환자는 부정하게 취급되어 사람과의 접촉이 금지됐다(레 15:25–30).

❹ 혈루증을 고침 받은 여자는 복잡한 상황에 놓여 기쁨보다 두려움이 앞섰습니다. 그때 예수님은 어떤 말로 그 여자를 위로해 주셨습니까(45-48절)?

❺ 다음 글을 읽고 진정한 그리스도인의 기도에 대해 정리해 보십시오.

후안 카를로스 오르티즈(Juan Carlos Ortiz) 목사의 책 가운데 『우리 기도의 대부분은 하늘나라에서 잡동사니 우편물처럼 취급당합니다』라는 책이 있다. 책 속에서 저자는 우리가 드리는 대부분의 기도가 개봉되지도 못한 채 천국 창고에 수북하게 쌓여 있는 오래된 우편물과 같다고 말한다. 그러면서 그리스도인들이 드리는 기도의 90% 이상이 자기중심적인 기도일 것이라고 지적한다. 아예 기도하지 않는 것보다는 훨씬 낫지만, 자신에게 필요한 무엇인가를 요청하는 차원에서만 기도한다면 기도의 깊이와 넓이를 제대로 이해한 것이 아니다. 그러므로 그리스도인들은 아무리 어두운 골방에 혼자 앉아 있어도 기도를 통해 세계를 바라볼 수 있고, 세계를 섬길 수 있는 놀라운 특권을 가진 사람이라는 점을 기억해야 한다. 2013년 슈퍼태풍 '하이옌'이 필리핀을 강타해서 도시의 95%가 폐허가 되고 상상할 수 없을 정도의 인명 피해가 난 적이 있었다. 이런 소식을 들었을 때 그리스도인이라면 어떤 기도를 해야겠는가? 바로 그때가 자신을 뛰어넘어 세계의 문제를 바라보는 기도를 해야 할 때다.

–이상화

❻ 사람들은 회당장의 딸이 사망했다는 소식을 듣고 자포자기했습니다. 그때 예수님은 무엇이라고 말씀하십니까(49-50절)?

❼ 예수님께서 회당장의 딸이 "죽은 것이 아니라 잔다"(52절)라고 하셨을 때, 사람들의 반응은 어땠습니까(52-53절)?

❽ 예수님께서 아이의 손을 잡고 "일어나라"(54절)고 하셨을 때, 아이는 어떻게 됐습니까? 이후 예수님은 무슨 말씀을 하십니까(54-56절)?

더 깊은 연구와 묵상을 위하여

❶ 예수님의 치유의 은총을 경험한 야이로의 딸과 혈루증을 고침 받은 여인의 공통점과 차이점을 살펴보십시오.

❷ 혈루증이 부정한 것으로 분류된 이유는 무엇입니까(레 12:1-8, 15:1-33)?

적용을 위한 글

야이로와 혈루증을 고침 받은 여인은 여러 면에서 달랐다. 야이로는 회당장으로 거룩했지만, 여인은 혈루증으로 인해 부정했다. 야이로는 많은 사람의 존경을 받았지만, 여인은 사람들로부터 격리당했다. 야이로는 예수님을 집으로 초청했지만, 여인은 예수님을 만나기 위해 길거리로 나가야만 했다. 하지만 이 두 사람은 공통점이 있다. 바로 12살 난 딸, 12년 동안 혈루증을 앓았다는 의미에서 숫자 '12'와 예수님을 간절히 찾았다는 점이다. 두 사람은 권위, 자존심, 율법, 사람들의 시선 등을 모두 내려놓고 주님께 도움을 요청했다. 믿음을 방해하는 장애물을 모두 뛰어넘어 응답을 받았다. 기적은 믿음의 날개를 펴 장애물을 과감하게 뛰어넘는 자들의 것이다.

적용 및 결단을 위한 질문

❶ 여러분이 지금 예수님의 발 아래에 내려놓아야 할 것은 무엇입니까?

❷ 여러분은 야이로나 혈루증을 고침 받은 여인처럼 절망적인 상황을 하나님께 맡기고 있습니까?

인도자를 위한 지침

01 복음서의 소개

누가복음은 누가가 기록해서 데오빌로에게 헌정한 책입니다. 누가복음의 기록 목적은 이미 알고 있는 복음을 더 확실하게 알려 주기 위한 것입니다. 한편, 누가복음의 첫 주인공 사가랴와 엘리사벳 부부의 삶을 묵상해 봐야 합니다. 그들은 하나님 앞에서 의로운 자들이었음에도 불임이라는 고통을 안고 살았습니다. 고대 사회에서 불임은 상상 이상의 고통이었습니다. 조원들과 함께 하나님의 백성에게 찾아오는 고통의 의미에 대해 토의해 보십시오.

02 사가랴의 불신앙

하나님은 400년의 침묵을 깨시고 제사장 사가랴를 통해 새 일을 행하셨습니다. 장차 그리스도의 오실 길을 예비할 인물을 준비시키셨습니다. 사가랴가 분향 제비에 뽑히게 하시고, 기도 시간에 가브리엘을 보내셨습니다. 생물학적으로 출산이 불가능한 엘리사벳이 임신하게 하셨습니다. 조금 전까지 기도하던 입에서 말이 나오지 못하도록 하셨습니다. 하나님은 당신의 일을 위해 기적을 베푸시는 놀라운 분입니다. 우리를 통해 하나님의 일이 성취되고 하나님의 기적이 일어날 것을 소망하고 기대해 보십시오.

03 마리아의 순종

하나님의 일하심은 우리의 상식을 초월합니다. 6개월 전에는 임신이 불가능한 할머니 엘리사벳이 요한을 잉태하게 하시더니, 이제는 처녀 마리아가 예수님을 잉태하게 하셨습니다. 우리의 작은 머리로 하나님을 이해하려고 해서는 안 됩니다. 우리는 그저 마리아처럼 고백하고 수용할 뿐입니다. 하나님은 하나님이시기에 하나님의 계획대로 모든 것이 이뤄질 뿐이라는 수용의 자세가 곧 믿음이며, 하나님은 이 믿음을 찾고 계십니다. 조원들과 함께 이 믿음이 있는지 점검해 보십시오.

04 엘리사벳과 마리아의 찬양

엘리사벳과 마리아의 찬가는 하나님께서 베푸신 은혜에 대한 믿음의 반응과 응답입니다. 그것은 마음과 생각의 중심으로부터 터져 나오는 생명의 찬양이었습니다. 불임의 고통을 느낀 자만이 잉태의 기쁨을 알고, 비천함에 처해 본 자만이 높아짐의 은혜에 감사할 수 있습니다. 자신이 죄인이라는 사실을 이론적으로 아는 사람과 영적인 비천함을 겪어 본 사람은 그 찬양의 깊이가 다릅니다. 조원들이 역전과 반전의 하나님을 기대하며 인내하도록 격려하십시오.

05 요한의 출생

오랜 세월 불임의 고통을 안고 살아야 했던 사가랴와 엘리사벳에게 하나님의 긍휼과 은총이 임했습니다. 하나님은 영적 암흑기에도 하나님만을 경외했던 노부부의 기도에 응답해 주셨습니다. 사가랴의 불신과 친족들의 전통을 고수하려는 도전이 있었지만, 하나님은 기필코 하나님의 계획을 이뤄 가셨습니다. 그리고 하나님의 손으로 아이 요한을 붙들어 주셨습니다. 기적의 배후에서 역사하신 하나님의 능력을 묵상하도록 인도하십시오.

06 사가랴의 찬송

사가랴의 찬송 속에는 깊은 진리가 숨겨져 있습니다. 특히 하나님께서 역사 속에서 구원을 위해 하셨던 일들이 잘 요약돼 있습니다. 하나님과 아브라함과의 언약, 하나님과 다윗과의 언약, 그리고 수많은 선지자를 통해 약속하신 하나님을 엿볼 수 있습니다. 그리고 400년간의 긴 침묵을 깨고 사가랴와 엘리사벳의 가정을 통해 구원을 준비할 또 다른 선지자를 태어나게 하셨습니다. 예수 그리스도께서 이 땅에 오시기 전, 하나님의 열심이 이 모든 일을 준비해 오셨습니다. 조원들과 함께 사가랴처럼 감사의 찬송을 올려 보십시오.

07 강보와 구유

누가는 나사렛에 살던 마리아와 요셉이 예수님을 베들레헴에서 낳게 된 배경을 너무나도 섬세하게 묘사하고 있습니다. 특히 인간의 몸으로 이제 막 태어나신 예수님의 모습은 우리의 가슴을 찡하게 만듭니다. 금으로 장식된 왕복 대신 누더기 천 조각을 두르시고, 보석으로 장식된 요람 대신 짐승의 밥통에 누이셨습니다. 그 누구도 하나님의 성육신을 알아보지 못했습니다. 하지만 천군 천사는 성육신하신 하나님을 소리 높여 찬송했습니다. 찬송 받기에 합당하신 예수님이셨습니다. 조원들과 함께 예수님의 성육신 사건을 찬송해 보십시오.

08 가난한 자들의 찬송

본문에서는 크게 2가지에 집중해야 합니다. 첫째는 목자들의 반응이고, 둘째는 율법에 순종하는 요셉과 마리아의 모습입니다. 목자들은 천사가 전해 준 복음에 즉각적이고 열정적으로 반응했습니다. 이런 자들은 하나님 안에서 더 많은 것을 경험하고 누릴 수 있습니다. 하나님의 나라는 침노하는 자의 것이기 때문입니다. 요셉과 마리아는 모든 율법을 성실하게 준수했습니다. 할례 의식, 정결 의식, 초태생을 드림 등 구약 성경의 말씀대로 순종하려고 부단히 애썼습니다. 조원들과 함께 말씀에 대한 반응과 순종에 대해 토론해 보십시오.

09 시므온과 안나

본문은 크게 두 단락으로 나눌 수 있습니다. 첫째는 시므온과 아기 예수님의 만남이고, 둘째는 안나 선지자와 아기 예수님의 만남입니다. 시므온과 안나가 살았던 시대적이며 영적인 배경을 함께 연구해 보십시오. 그리고 예루살렘의 영적 상황도 함께 살펴보십시오. 시므온과 안나는 영적 암흑시대에도 남은 자로서 믿음을 굳건히 지켜 냈습니다. 본문의 상황과 21세기의 상황을 비교해 보는 것도 좋습니다. 조원들과 함께 이 시대의 시므온과 안나로 사는 것이 어떤 것인지 토론해 보십시오.

10 성장하시는 예수님

예수님은 인간으로 태어나신 후에도 계속해서 하나님의 뜻에 순종했습니다. 예수님께서 12살 때까지 순종해야 할 목표는 성장과 성숙이었습니다. 아기 예수님은 충분한 영양분을 섭취하심으로 신체를 성장시켰습니다. 또한 하나님의 말씀을 잘 배우고 익혔습니다. 말씀에 대한 지혜는 이미 성전에서 선생들과 토론할 정도였습니다. 아이 예수님은 서서히 육신의 부모에게서 독립해서 메시야로서의 삶을 준비해 나가셨습니다. 예수님은 하나님의 뜻 안에서 인생의 로드맵을 그리고, 그것을 준비하고 순종하셨습니다. 조원들과 함께 각자 인생의 로드맵을 점검해 보십시오.

11 세례 요한

요한은 이스라엘 앞에 나타나기 전까지 상당 기간을 빈 들에서 준비했습니다(눅 1:80). 요한은 이스라엘 앞에 담대하게 나타났고 가감 없이 하나님의 마음을 전했습니다. 교만한 자를 낮아지게 했고, 회개에 합당한 열매를 요구했으며, 그 증표로 요단 강에서 세례를 받게 했습니다. 구원은 아브라함의 육신적인 혈통이 아니라 하나님의 은총에서 나옵니다. 그 은총을 받을 만한 그릇을 준비하는 삶의 회개가 있어야 합니다. 조원들과 함께 회개에 합당한 열매를 맺고 있는지 점검해 보십시오.

12 요한과 예수님

요한은 자신의 사명을 바르게 깨닫고 자신의 그릇 만큼만 일했습니다. 자신을 드러내지 않고 오직 메시야만 높아지도록 했습니다. 그리스도인의 삶의 목적은 그리스도만 높이는 것이 돼야 합니다. 사람들이 부추겨도 흔들리지 말아야 합니다. 겸손한 요한처럼 각자의 자리에서 자신의 사명을 잘 분별해서 실천해야 합니다. 조원들과 현재 자신이 감당해야 할 사명이 무엇인지 함께 이야기해 보십시오.

13 예수님의 족보

마태복음이 유대인 독자를 위해 쓰였다면 누가복음은 이방인 독자를 위해 쓰인 복음서입니다. 하나님은 예수 그리스도를 통해 모든 인류를 구원으로 초대하십니다. 구원의 기회가 모든 인류에게 주어졌다는 것은 복음 중의 복음입니다. 누가는 이 사실을 예수님의 족보를 통해서도 증명하려고 했습니다. 한편 예수님의 족보는 예수님께서 신화적인 인물이 아니라, 실제로 태어나시고, 사람들과 함께 사시다가, 사람들을 위해 죽으신 분임을 입증하는 증거입니다. 조원들과 함께 누가복음의 족보에 숨어 있는 진리의 보석들을 발견해 보십시오.

14 사탄의 시험

누가는 이미 3장에서 예수님의 세례와 예수님의 족보를 통해 예수님께서 하나님의 아들이심을 증명했습니다. 하지만 마귀는 예수님을 하나님의 아들 자리에서 쫓아내려고 했습니다. 그래서 예수님께서 40일을 굶으셨을 때 떡으로 유혹했습니다. 또한 하나님의 아들이신 예수님의 자존심을 자극했고, 하나님의 신실하심을 의심하게 만들었습니다. 마귀는 예수님의 제자인 우리에게도 똑같은 방법을 사용합니다. 시험을 이길 힘은 말씀에서 나옵니다. 조원들과 함께 어떻게 하면 성령 충만하고 말씀 충만할 수 있을지 나눠 보십시오.

15 배척

예수님의 가르침과 사역에 대한 2가지 반응이 소개됩니다. 예수님께서 갈릴리로 돌아오시는 길에 많은 사람이 예수님의 가르침을 칭송했습니다. 하지만 정작 예수님의 고향이었던 나사렛 사람들은 예수님의 가르침을 배척했습니다. 이런 상반된 반응은 누가복음 전체에 반복해서 소개되고 있습니다. 결국 믿음과 불신의 문제입니다. 믿음의 사람으로 남을지, 불신의 사람으로 남을지는 우리의 영원을 결정하는 중요한 문제입니다. 이에 대해 조원들에게 진지하게 도전해 보십시오.

16 하나님 아들의 능력

예수님은 하나님의 아들이십니다. 본문에서 예수님은 하나님의 아들로서 귀신을 제압하고 병을 고치셨습니다. 귀신들은 예수님에 대해 잘 알고 있었습니다. 그래서 예수님을 하나님의 거룩한 자(눅 4:34), 하나님의 아들(눅 4:41), 그리스도(눅 4:41)라고 공공연하게 인정했던 것입니다. 예수님께서 하나님의 아들이심을 의심하고 인정하지 않는 존재는 오직 사람밖에 없습니다. 조원들과 함께 예수님을 진정한 구원자로 인정하며 고백하고 있는지 점검해 보십시오.

17 예수님을 따른 어부들

예수님은 하나님 나라의 기초가 될 첫 제자들을 부르셨습니다. 예수님은 제자들을 부르시기 전에 먼저 고기 잡는 사건을 통해 당신이 누구인지를 보여 주셨습니다. 아마도 어부들의 그물 안으로 물고기가 들어가도록 섭리하셨을 것입니다. 예수님께서 시몬의 장모를 고치시고 시몬의 배에 오르신 것도 우연이 아닙니다. 모든 것이 예수님의 계획이자 섭리였습니다. 이처럼 하나님은 우리를 당신의 자녀 삼으시기 위해 수많은 보이지 않는 손길을 펴고 계십니다. 각자 어떻게 예수님의 제자가 됐는지 조원들과 함께 나눠 보십시오.

18 병 고침과 죄 사함의 권세

나병환자와 중풍병자는 큰 장벽을 안고 격리돼 살아가는 사람들이었습니다. 나병환자는 부정함이라는 장벽이 있었고, 중풍병자는 스스로 움직일 수 없는 신체적 장벽이 있었습니다. 두 사람 모두 병의 근본 원인은 죄의 장벽이었습니다. 하지만 예수님은 이들의 장벽을 다 허물어 주셨습니다. 예수님은 하나님의 아들 자격으로 이들에게 자유를 주셨습니다. 이 자유는 십자가를 통해 온 인류에게로 확대됐습니다. 십자가를 통한 죄 사함의 은혜가 온 인류에 가득합니다. 조원들과 함께 치유와 죄 사함의 은혜를 지금도 경험하고 있는지 나눠 보십시오.

19 예수님을 좇은 세리 레위

예수님은 죄인 취급받던 세리 레위에게 새로운 삶의 문을 열어 주셨습니다. 더 나아가 새로운 은혜의 시대를 시작하게 해 주셨습니다. 예수님은 영적 질병인 죄를 고쳐 주시는 영적인 의사입니다. 레위는 그 어떤 것으로도 채울 수 없었던 자신의 영혼을 예수님의 구원으로 가득 채웠습니다. 예수님이라는 새 부대에 예수님의 은혜를 가득 채워 넣었습니다. 예수님을 따르는 그리스도인이 사는 방식은 세상 사람들과 완전히 다릅니다. 조원들과 함께 무엇에 감격하며 무엇에 기뻐하고 있는지 점검해 보십시오.

20 안식일의 진정한 주인

서기관과 바리새인들은 입으로는 하나님을 안식일의 주인이라고 말했지만, 그들은 안식일에 지켜야 할 수많은 규정을 정해 놓고 백성들을 통제했습니다. 하지만 예수님은 그들의 통제를 받지 않으셨습니다. 왜냐하면 바로 예수님께서 안식일의 주인이시기 때문입니다. 예수님은 안식일의 본질과 정신을 일깨워 주셨습니다. 그리스도인은 주일을 지킵니다. 주일의 본질과 정신도 안식일과 동일하다는 것을 생각하며, 조원들과 함께 어떻게 주일을 보내고 있는지 점검해 보십시오.

21 택함 받은 열두 사도

옛 이스라엘의 종교지도자들은 예수님을 배척했습니다. 심지어 예수님을 죽이려고 의논하기까지 했습니다. 그때 예수님은 새 이스라엘의 초석이 될 새로운 지도자들을 택하셨습니다. 열두 사도는 열두 지파를 대체할 하나님 나라의 기초석이 됐습니다. 열두 사도는 예수님을 따라 평지로 내려가 예수님의 사역에 동참했고, 고통당하는 주의 백성을 돌봤습니다. 모든 그리스도인은 열두 사도의 기초석 위에 세워진 새 이스라엘입니다. 조원들과 함께 어떻게 하면 예수님을 통해 공급하시는 하나님의 능력으로 사역할 수 있는지에 대해 토의해 보십시오.

22 불행 그리고 행복

예수님은 열두 제자를 선택하여 세우시고 그들을 새로운 하나님 나라의 백성으로 초대하셨습니다. 그리고 그 나라의 본질을 설명해 주셨습니다. 하나님 나라에 들어갈 수 있는 사람은 가난한 자입니다. 하나님의 복음을, 하나님의 은혜를 수용할 준비가 된 사람이 하나님 나라의 주인공입니다. 이 땅의 부요함, 배부름, 웃음, 칭찬에 관심이 있는 사람은 결코 하나님 나라의 주인공이 될 수 없습니다. 조원들과 함께 하나님 나라의 백성이 될 수 있는 사람은 누구인지 정리해 보십시오.

23 원수 사랑

예수님을 통해 하나님 나라의 백성이 된 그리스도인은 원수를 사랑해야 합니다. 원수 사랑은 이론으로 아는 것이 아니라 구체적으로 실천해야 하는 것입니다. 한쪽 뺨을 맞았을 때 다른 뺨을 내밀 수 있어야 합니다. 그리스도인은 세상을 껴안아 사랑으로 녹여야 합니다. 이는 너무나 힘든 자기 부인의 삶입니다. 하지만 이렇게 할 때 비로소 하나님의 아들이 되는 큰 상을 받을 수 있습니다. 조원들과 함께 하나님의 아들로서 사랑을 실천하고 있는지 점검해 보십시오.

24 듣고 행하는 자

예수님은 제자들에게 말씀을 듣고 행하는 것이 얼마나 중요한지 가르쳐 주셨습니다. 예수님은 삶으로 그 가르침을 실천하셨고, 삶에서 맺으신 열매가 그분의 참됨을 증명했습니다. 예수님은 제자들 역시 참된 스승으로 성장하기를 바라셨습니다. 그래서 맹인이 되지 말고 온전한 선생이 되라고 하셨으며, 좋은 열매를 맺는 좋은 나무가 되라고 하셨습니다. 또한 말로만 "주여 주여" 하지 말고, 말씀을 행하는 자가 되라고 하셨습니다. 흔들리지 않는 믿음의 기초는 행함밖에 없습니다. 조원들과 함께 말씀을 효과적으로 적용하는 비결을 나눠 보십시오.

25 백부장의 사랑과 믿음

백부장의 믿음은 우리가 본받아야 할 믿음의 최고봉입니다. 백부장은 이방인이었지만 하나님의 아들이신 예수님을 신뢰했습니다. 그래서 말씀만으로도 병을 고쳐 주실 것을 믿었습니다. 반면, 정작 예수님을 믿고 따라야 할 이스라엘은 예수님을 향한 믿음을 보여 주지 못했습니다. "이스라엘 중에서도 이만한 믿음은 만나보지 못하였노라"(눅 7:9)는 예수님의 탄식이 오늘날의 그리스도인들을 향한 것은 아닌지 조원들과 함께 각자의 믿음을 냉철하게 점검해 보십시오.

26 사망 권세를 이기신 예수님

나인 성의 한 과부는 하나뿐인 아들을 잃고 나서 슬픔, 외로움, 절망밖에 없었습니다. 하지만 예수님을 만난 후 과부는 새로운 생명을 얻었습니다. 죽은 자를 살리시는 예수님을 만났기 때문입니다. 예수님은 문제와 고통이 가득한 우리 인생의 중심에 찾아오십니다. 예수님을 만나면 슬픔이 기쁨으로, 절망이 소망으로 바뀝니다. 조원들과 함께 예수님을 만난 기쁨이 있는지 점검해 보십시오.

27 오실 그이

누가복음 7장은 4개의 이야기로 구성돼 있습니다. 첫째는 한 이방인 남자에게 베푸신 기적 이야기, 둘째는 한 유대인 여자에게 베푸신 기적 이야기, 넷째는 죄인을 향한 죄 사함의 선포 이야기입니다. 오늘 본문은 셋째로 세례 요한의 이야기입니다. 누가는 세례 요한의 질문과 예수님의 답변 속에서 예수님께서 메시아이심을 세상에 선포했습니다. 예수님을 통해 이뤄지는 일들은 구원의 때가 임박했음을 나타내 주는 표시였습니다.

28 세례 요한과 바리새인

예수님은 하나님의 나라를 예비하고 그리스도를 준비하는 세례 요한의 삶을 칭찬하셨습니다. 반면, 바리새인과 율법교사들에 대해서는 장터의 아이들과 같다고 하셨습니다. 그들은 마치 자기들이 정한 게임의 규칙대로 하지 않는다고 투덜거리는 아이들처럼 자신들의 구미에 맞지 않으면 모든 것이 틀렸다고 하며 거절했습니다. 바리새인과 율법교사들은 그리스도를 목격하고 하나님의 나라를 경험할 기회가 있었지만 그 기회를 놓쳤습니다. 자기 세계에 갇혀 있었기 때문에 그리스도를 볼 수 없었던 것입니다. 조원들과 함께 복음에 대한 자세를 점검해 보십시오.

29 죄 사함 받은 여인

예수님은 모두에게 복음의 기회를 주셨습니다. 문제는 받아들이는 사람에게 있습니다. 바리새인은 자신을 의인이라 생각하고 예수님과 함께 식사하는 것을 허세의 기회로 삼았습니다. 하지만 여자는 예수님을 자신의 죄를 용서해 주실 구원자로 믿고 섬겼습니다. 예수님은 그 여자에게 죄 용서와 구원을 허락해 주셨습니다. 조원들과 함께 어떤 마음으로 예수님을 섬기고 있는지 점검해 보십시오.

30 결실하는 자

말씀대로 순종하고 결실을 맺는 것은 입술로만 '아멘' 해서는 이뤄지지 않습니다. 마귀의 방해에 휩쓸리지 말아야 합니다. 시련이 올 때도 흔들리지 않을 말씀의 뿌리를 내려야 합니다. 인생의 염려를 물리치고 재물과 향락의 유혹을 이겨 내야 합니다. 입술로 예수님을 고백한다 해도 삶이 변하지 않는다면 그 사람은 진정한 하나님 나라의 백성이 아닙니다. 조원들과 함께 하나님 나라의 열매 맺는 백성으로 살아가고 있는지 점검해 보십시오.

31 진정한 예수 가족

등불의 비유, 예수님의 가족 사건, 호수의 풍랑 사건은 '하나님 나라의 진정한 백성은 누구인가?', '누가 예수님의 진정한 가족인가?'를 묻고 그에 대한 해답을 제시해 줍니다. 기준은 말씀입니다. 말씀에 대한 반응이 가장 중요합니다. 하나님의 백성은 말씀을 믿고 순종합니다. 어떤 순간에도 말씀을 붙들고 명령하시는 대로 반응합니다. 조원들과 함께 말씀에 반응하는 삶을 살고 있는지 점검해 보십시오.

32 한 영혼의 가치

예수님과 제자들은 다시 잔잔해진 호수를 가로질러 가버나움 맞은편 거라사인의 땅에 도착했습니다. 그곳은 이방인의 땅이었습니다. 예수님은 그곳에서 한 영혼의 가치를 보여 주셨고, 무질서와 혼돈의 세력인 마귀와 귀신의 실체를 드러내셨습니다. 또한 예수님보다 눈앞의 이익을 추구하는 사람의 모습도 보여 주셨습니다. 조원들과 함께 삶의 우선순위가 무엇인지 점검해 보십시오.

33 두려움 없는 믿음

예수님을 환영하는 무리 속에 두 사람이 있었습니다. 회당장 야이로와 혈루증을 앓는 여인이었습니다. 두 사람은 인생의 심각한 아픔을 안고 예수님을 찾아왔습니다. 이들의 이야기를 통해 믿음의 중요성이 강조됩니다. 믿음은 상황을 뛰어넘고 자신을 내려놓는 것이며, 예수님만을 바라보고 신뢰하는 것입니다. 회당장 야이로는 끝까지 예수님을 신뢰했습니다. 심지어 딸이 죽었다는 소식을 듣고도 흔들리지 않았습니다. 혈루증을 앓는 여인도 수많은 사람을 뚫고 예수님의 옷 가로 손을 뻗었습니다. 믿음은 그런 것입니다. 조원들과 함께 진정한 믿음이 있는지 점검해 보십시오.

지은이

이상훈 목사

총신대학교 기독교교육과 (B.A.)
총신대학교 신학대학원 (M.div.equ.)
웨스트민스터신학대학원대학(Th. M.)
현) 하늘향기교회 담임목사
프리셉트성경연구원, 총회출판국, 주만나 집필위원

심도 있게 편찬된
구역 및 대학 청년부 BEST G.B.S. 교재

BEST 누가복음 I

지은이 | 프리셉트팀(이상훈)

초판 1쇄 | 2018년 4월 11일

발행인 | 김경섭
국제총무 | 최복순
총무 | 김상현
기획국장 | 김현욱
서적부 | 양재성, 신충경, 신성화
편집부 | 고유영(편집실장), 김지혜(편집), 허윤희, 유권지(디자인)

발행처 | 묵상하는사람들
등록번호 | 20-333
일부총판 | 생명의말씀사 Tel. (02) 3159-7979 Fax. 080-022-8585

주소 | 서울시 동작구 사당로2가길 91(사당동) (우) 07028
전화 | (02) 588-2218 팩스 | (02) 588-2268
홈페이지 | www.precept.or.kr
국민은행 772-21-0310-382(김경섭)

값 5,000원
ISBN 978-89-8475-732-5 04230
978-89-8475-456-0 04230(세트)

독자 여러분의 의견을 기다립니다.
독자 전화 (02) 588-2218 / pmnqt@hanmail.net